旅する音楽

サックス奏者と音の経験

仲野麻紀

せりか書房

旅する音楽

サックス奏者と音の経験　目次

プロローグ

朝露や昨日の夢の涙かな

Rosée du matin
Peut être des larmes
Du rêve d'hier soir

音は放たれ消えてゆく、だけど音の記憶、音のかすかな気配は、ここにある。
立ち上がる音はどこからきて、どこへゆくのだろう。

誰かが、ぼくの音楽を聴いたときに、ぼくの音が地上にあるすべての音と同じように、あって無きがように存在することを願っているわけです。

（武満徹『樹の鏡、草原の鏡――音と言葉』、新潮社）

内と外にある何か。この何かをつなぐのに、どうやら呼吸器官pharynxというからだの部分が反応したようだ。指ではなかった。指からは音をなぞるという感覚を覚えた。震える音そのもの――サックスを吹き始めた時の最初の感覚は、からだが感じとったあのふるえだ。

楽器に触れていたいという欲求に充ち溢れていた時期、奏でる場所はないかとあちこち探し求めた。家の中もスタジオも、居心地がわるい。近くにあった名古屋大学の丘へ楽器を背に通う。樹に向かってサックスを吹くと、樹が音を吸い込むのか、音が上昇し葉々にあたって降り落ちてくるのか、いずれにせよ気持ちいいという感覚になった。

そして、何の目的も憧れもなく、ただただサックスを吹いていたいという欲求と向かい合った結果、フランスに辿り着いた。夏至に近づく晩春のパリ。野外での練習は毎日夢見心地。セーヌ河岸に日々通う。観光客のいない一二区。いるのはロマの物拾いと犬の散歩者だけ。河にではなく、堤防となる壁と街路樹に向かってサックスを吹き続けた。立ち続けの練習に疲れれば、ボラードに腰をおろし水面をながめる。遊覧船にのっている人たちが手をふる。何度かのナンパ、何度かの雨。金がないという理由で練習の環境が整わなくても、少しの機転によって面白い出来事に出会うことはできる。

自然の中にある音

ある時、ノルマンディーのディエップという港街に出向いた。CDを制作するためのプロフィール用の写真を撮るのが目的だったと思う。同行してくれた友人は、ジョルジュ・ブラックが作ったステンドグラスのある教会を訪ねようと提案する。教会裏から林のほうへ歩いていくと、どうやらこの道は海に出る道につながっているようだ。サックスを担いで泥路の森をぬけ、海を背にいざ楽器を吹き始める。すると、どこにいたのか牛たちが近寄ってきた。一吹きすれば一頭が、二吹き目には仔牛も。家族だろうか、モーモーと鳴いている。サックスの音に応えてくれているのだろうか。

牛との小咄をもうひとつ。ブルターニュのある村でのこと。ノルマンディーでの撮影から一〇年目にしてまたもや写真撮影と相成る。湿原にたゆたう牛を背景にサックスを吹いていた。すると、ソの音をロングトーンで吹いた瞬間、なんと牛たちが一斉にこちらへ向って突進してきたのだ。牛は走るのか！　都会育ちゆえに動物は檻の中にいるものだと思い込んでいたわたしのその時の反応は、笑いと恐れ。調子にのってミの音を鳴らせば、先方は知らん顔。さきほどいた場所へのそりのそりと戻り、草を喰む。それではと、ソの音階を吹けばまたもや突進猛進。音のもつ不思議な力を牛によって知った瞬間だった。

環境の中に音がある。あるいは理想の音を聴くための環境か——。出会いの先は南仏ドローム地方。フランスワインを生み出す豊穣な地で演奏をする機会を得た。この年は猛暑、僅かに吹く風に身を委ねる。自然に感応して詩が生まれ、音が思念を呼び起こし、言葉が生まれ、人間という生き物と自然の間で巡り巡る出来事。

一九〇一年に、クロード・ドビュッシーはこう書いている。

私はもっぱら「野外用」に作られた楽曲というものの可能性に期待をもっている。（中略）それは樹々の梢高くを快活に旋回するような曲になるだろう。コンサートホールのような気詰まりな場所では異様に響くような和音の連続も、外気中なら、きっと本来の面目を回復す

るにちがいない。(クロード・ドビュッシー『音楽のために』杉本秀太郎訳、白水社)

作曲家の意図は自然の中で「本来の面目を回復する」ことにあるにしても、もしかしたら自然の中にいる演奏者は、その意図よりも、身体を包む草木の香りや陽の光に反応して奏でる瞬間の音のほうが心地良いかもしれない。今この瞬間、この場に居るという感覚の前向きな反応。

南仏ドローム地方。Jardin Zen 禅の庭でのコンサート

そういう曲なら、大気と木の葉のそよぎと花の香気と音楽とのあいだに、えもいえぬ協同が成り立つことであろう。(同)

様々な空間に鳴る音に魅かれてきた。人々の声が楽の一音によりフェイドアウトするレストラン。葡萄収穫の労働をねぎらうための、畑に響く楽器の音。

茶室に聴衆は一人、四帖半を囲う土壁に吸い込まれる音。高野山、南院の庭の池を叩く音。金剛峯寺の庭で楽器の音が消えたあとの、演奏中に楽器とともに鳴っていたもののみなの静寂。世阿弥が流された佐渡の地、「山路を下れば長谷と申して観音の霊地にわたらせ給ひて故郷にも聞こへし名仏なれば懇に礼拝し」と境涯を綴った紀行文の中に登場する長谷寺の丘陵の兎は、演奏後に姿を現した。京都は鹿ヶ谷の法然院や、錦市場脇の銭湯、錦湯に響く音。縄文の人々が大体を磐座《いわくら》に模した奈良神野山《こうのやま》山嶺で吹くサックスの音。ボスフォラス海峡、友人の舟の上で奏でた音。

一弦を爪弾き、鼓をひと叩き、笛を一吹きすれば、空間にただようなにかと時を共にする。庭の池の魚たちと、薄暮を背景に飛ぶ鳥たちと、蝉のこだまと楽の音。この世にあるもののみなすべてを内包する音の世界。

大地の音は楽器の音域を凌駕し、わたしたちを包み込む。この自然の中において、音による自己の表現なんて笑止千万。奏でることの本質とは、その場でしか共有できないこの瞬間のためのものなのだ。

音楽の在り方を狭く一面的に捉えるのではなく、名のつけられた唱法や楽理を知識として捉えるのでもなく、人類の進化としてとらえるのでもなく…etc。ことごとく否定する先にある真実とは、始源の能力としてある、共振するという人類の切望だろう。この切望は音世界そのものの核でもある。時空を越えて同期するその姿は、ある特定の民族の専売特許では決してない。

旋律の重なりはポリフォニーの境地へ。螺旋をのぼりつめるポリリズムの様は、必然的にカオスへ至る。音の極限を求めて、奏でる者も聴く者も漂う音に揺られ、ただただ音の鳴る空間に身を委ねる。

ここまできますと、もう動物の体内にこうした宇宙リズムが、はじめから宿されていると思うよりないでしょうね……。そして、その場が内臓であることはいうまでもない。もっと厳密にいえば、内臓のなかの消化腺と生殖腺でしょう。この二つの腺組織の間を、そうした食と性の宇宙リズムに乗って、「生の中心」が往ったり来たりしているのです。

（三木成夫『生命とリズム』、河出文庫）

演奏する者は、いまこの瞬間、内耳を越えて、自我を越えて、身体から飛び立った音を聴く。空間を響かせ、自分に戻ってくる反響を聴き、身体は再び音に反応し、次の音が生まれる。一粒の音の連なりが演奏者の存在を超える瞬間に、演奏者は命をかけている。決して大げさな話ではない。共に演奏する者がいるならば、ある時は同志となり、ある時は一騎打ちの如く一対一の勝負になる。刺し違えるほどの士気が、音という魔物によって生まれるのだ。

誰がいった言葉だっただろうか、「ひとつの中心ではなく、無数の中心へむかう姿勢」のある大気の中に、それこそ無数に広がる境を軽々と越えてゆく、音、音響、音楽。見えぬ音は、いつかわたしたちの生の救いとなる。

人間が創りだす音

中央アジアのタジキスタンで演奏した際、フランス語を話すフェスティバル案内役の少年と、水の創世について話をした。わたしにとって水とは、宇宙を含めての地球上にある自然の恵みであり、旨い水と山の関係は人の力を超えるもの。彼はいう。それはアッラー「神」のみぞ決めることであり、神による創世だ、と。一滴の水も彼にとっては「神」がつくるものなのだ。

もっと肩の力を抜いて彼の話に耳を傾けてみよう。

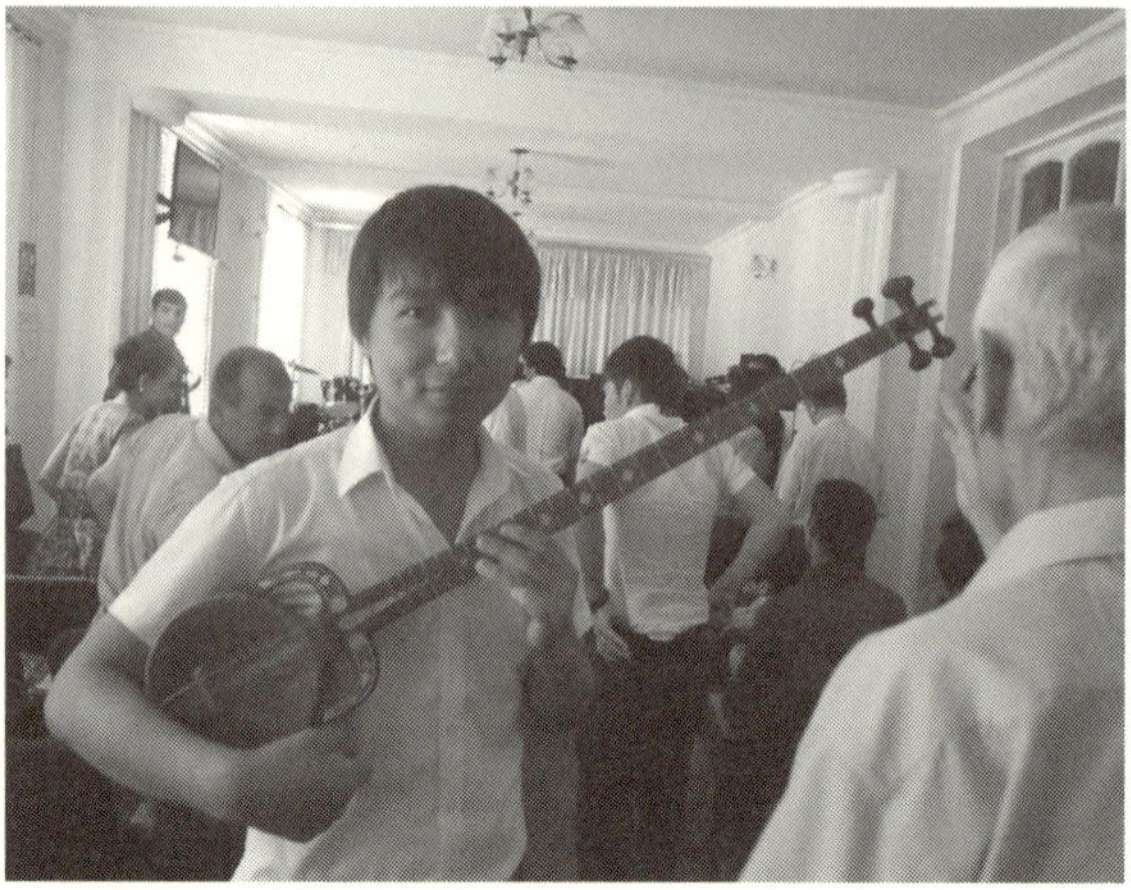

タジキスタン国立音楽院でのワークショップに参加した学生

彼のいう「神」とは、わたしの考える「自然＝宇宙」に近いものかもしれない。安い定食屋で、ソ連時代から伝わる透明なボルシチを一緒に食べながら、わたしが思いついた、この「神＝自然」という考えを話すと、彼はそうではないとわたしたち西洋人に向かって説く。果てしない虚無の上にある、人間の力に対する懐疑と絶望。一滴の水も、一粒の音も決して自然や人間が創ったものではない、と彼はいう。堂々巡りの議論。食堂を後にして、わたしは酒を飲まずに話をしたことに安堵する。こういった差異を経験することによって、ものごとの深淵を知ることの心地よい絶望 désespoir agréable を感じる。

モロッコのスーフィー教団楽士たちが奏でる音。ブルターニュの人々の、音に合わせて集団で揺らめく身体――地と空の間でうごめくこうした音世界を、衝動から生まれる音の連なりを、どう説明しようか。おそらくこの本にこれから登場する楽士や演奏者との経験は、民族学、文化人類学という名の「学」ではなく、楽士との付き合い＝共に演奏する関係性から生じた音楽と演奏者の話になるだろう。音が生まれてくる、その渦の中にいた者の経験談でしかない。さまざまな国の音楽をわたしは万遍なく語れるわけではない。小さな共同体の中の、生活の延長線上にある音世界しか知らないのだから。生活の中にある感覚的経験を音体験とし、演奏者としてその音に呼応するのは、表現とはちがう世界の音楽の在り方のように思える。

彼らと共に演奏し、彼らの生活の一部である音空間に居合わせる。その時、「表現」は必要ない。むしろ「表現」という言葉のもっと向こう側にある根源的な人類の切望 envie を意識した時、はじめて音世界との関係の中に居ることができるのだ。

だからナショナリズムは、それ自体が囚われている本能を再び読み込もうとする。このような集団化にとってタイムリーな標語を提供するのは、またもや文化である。硬直化され、道具化され、文化は経済的要請と歴史、創造性といった、あらゆる社会的圧力によって濫用されることになる。人々をピクルスのように保存したり、ああだこうだ、羊だ山羊だと永久に印をつけ続けることで、文化は人々を効果的に捕縛するのである。

（ポール・ギルロイ「文明主義に抗《あらが》う」／市田良彦＋ポール・ギルロイ＋本橋哲也著、小笠原博毅編『黒い大西洋《ブラック・アトランティック》と知識人の現在』松籟社、所収）

個々の人間の衝動から生まれる何かを「文化」と呼んで「効果的に捕縛」してしまったら、人類の切望の大部分は切り離され、やがて「文化」は国のものになってしまうだろう。

共配される音

アマチュアと呼ぶのかもしれない。彼らの奏でる音世界は、商品でないことは確かだ。それは土地に鳴る音であり、土地を空間とすれば、その時空間を共有することによって生まれる音楽なのだから。鳴った瞬間共配されるべき音楽であり、それが可能な音楽。

内を探れば探るほど、音は外へと放たれ、放たれた音は自分を突き抜けるほどの音となって、わたしたち演奏者の周辺に鳴り響く。そういった毎回の演奏を通じて、そこにある空気を知る。その土地に生きる人々を知る。なんと贅沢な時間だろう。そこにあなた、そこにもの、みながいるからこそはじめて、放つ音がわたしたちに返ってくるのだ。空に放った音が空から降ってくるというイメージ。そこに、国を楯にした民族性を見る必要はない。

個を越え、地を越え、時をも越えて、進歩を必要としない世界。

音は空気 **air**、空間 **atmosphere** をつくりだす一つの要素。つくりだされたその空間は、どこからかおとずれてきた限りない贈物だ。時空を超え先祖へ、ミクロの内部へ、すべては **Pour Vous**、未だ見ぬあなたのためへ。

心に鳴ったのか、空間にただよう響きが心に届いたのか。その時その時の即物的な響き。

しかし私としては次のように主張したい。音楽あるいは音楽家は、有機的知識人に逆らって、〈模倣〉という音楽と言葉の逆説的一致を生きる‐実践する者たちである、と。有機的知識人が内と外を媒介するとしたら、音楽家は両者の抗争的な〈間〉であり続け、「位置づけ」には無頓着なままである。それこそが黒人音楽の力だったのではないか。そしてそれは、黒人音楽が歴史的に作用させた普遍的な、つまり黒人の黒人性とは関係のない知性の力だったのではないか。実際、卑近な言い方をすれば、音楽と言葉の差異など、歌をつくる人間にはどうでもよいことではないのか。

（市田良彦「〈知識人は存在しない〉あるいは思考としてのメミーシスについて」、同、所収）

商品としての音楽、贈り物あるいは供物としての音楽、はたまた治療としての音楽。形はどうあれ、音楽とは空間とあなたとの間で鳴っているもの。あなたがいるその空間とは、さてどんなところだろう。

「音楽は誰でも、どこでものためにあるべきだ」と、アコーディオン奏者で作曲家、ポリン・オリヴェロスは言った。

太古の人々は鳥の囀を歌とし、動物の吐息を音楽としたかもしれない。音は科学的にとらえた振動という理論に収まるだけのものではなく、耳から物質的に聞こえる音もあれば、想像する音、あるいは記憶の音として、わたしたちに寄り添う音もある。

わたしたちが音楽と呼んでいるものは、あるふるえ。物音Bruitもしかり。音と音との間に、その音を聴く者同士の間に、ヒエラルキーはない。

歴史の主体ではない音楽——それでいい。日々どこかで同期しているのだ、そういう音楽は。同期している対象は、この世の自然かもしれない。

音楽とは、その一過性を共に味わうことができる世界のことだ。誰かと共に。三〇センチ前にいる人へ、そして測りきれないほど遠くの彼方にいる人へ、音を放つことなのだ。

「ただ、音の中に身を置きそれを聴きだすこと」（武満徹）

春—立春—

原点に立ち返る

ブルキナファソ：バンフォラ

陽炎へる紅き大地を掃く女

Miroitement de l'air
Une femme balaye
La terre brune asséchée

演奏者はなぜ練習をするのか。それは、脳とからだの間で働く反射神経を鍛えるため——と云ったのは、スズキメソードの創設者、鈴木鎮一。では、なぜ反射神経を鍛えるのか。それは、脳の中に浮かんだ瞬時の音を世界に放つため。

からだと音

音楽とは、脳に鳴り響く音を空間に表出すること。そして、音楽をするためには、身体機能がどうしても必要になる。なぜからだのことを話すかと言えば、脳みそを溶かしてしまうような、からだが自分のものではなくなってしまうような音楽を聴いてしまったから。人間がこれまで連綿とつづけてきた、生きるという営みに必要な音楽の存在を知ってしまったから。そして、演奏者にとって唯一信じられるもの、必要なものが、からだであるからだ。

両手にバチをもって打つ楽器、バラフォンが一台で奏でる音の世界は、すでにポリリズムの境地に。空間に放たれるポリ＝多重な一音。それが同時に三台鳴ってしまえば、人間の脳だけでは理解できるはずもない。その時わたしたちは、本来自分に備わっているからだの力を必要とするだろう。

精神という月は肉体という太陽の軌道を回る。
(デイヴィッド・コープ『現代音楽キーワード事典』石田一志ほか訳、春秋社)

はじめての雪

音との出会いは体験となり、体験は時間を経て形になる。そして、形はやがて表現となる。演奏家にとっての出会いとは、まだ聴かぬ音との出会い。

わたしにとってはジャズの世界にいた黒人が、音楽のジャンルを越えてバラフォンという単音でぶつかってきた。堅い樹からできたバラフォンという楽器は、人間業とは思えぬ細かな音の粒を立ち上げ、やがてポリリズムを紡ぐ。両手で奏でられるバラフォンの旋律とリズムは、わたしたちを包み込み、核となるメロディーは、聴く者のからだの中に木霊する。

当時参加していた九人編成のバンドの練習へ、いつものようにパリ郊外の音楽院に出向いた。リーダーであるドラム奏者が指揮を取るこのオーケストラでのわたしの立場は、生徒。今日は譜面がない。一人の男がドラム奏者と話をしている。初春だというのに外套を着て手袋をし、ニット帽で耳を覆った男たちが続々と練習場に入って来る。身につけているものはみなちぐはぐ。楽器をケースから出し、思い思いにウォーミングアップを始める。そこで聴いたのが、ブルキナファソのバラフォンという楽器の音だった。パリのメトロで見かけたカメルーンのバラフォン奏者が鳴らすそれとはちがう。やけに音列が気持ちいい。バチも、木をむき出しにしたカメルーンのものとは形態がやや違う。

彼らはブルキナファソという国からやってきた楽士だという。二週間後にはじまるフェスティバル、バンリュブルースに出演するため、アーティストインレジデンスでの来仏とのこと。彼らが着ている防寒具は、フェスティバル運営関係者が方々からかき集めてきたものだという。休憩中、彼らは生まれて初めて雪を見たと語った。

ポリリズムという共生

彼らは九人から成るグループ。その名をカバコ Kaba-kô という。率いるリーダーはムッサ・ヘマ Mossa Hema。わたしはフランス滞在二年目にパリ北東一八区に引っ越し、そこでは黒人は日常の中の身近な存在だった。一八区、モンマルトルの丘界隈は、パリという都市を象徴する場所だが、その東側を下りバルベス大通りを渡れば、同じ一八区でもそこはニューヨークでいうハーレムに近い。主に元植民地であった西アフリカの人々が所狭しと店を構え、女たちが道端でヴィサップジュースやアフリカ料理に使う小茄子を売っている。冬になれば、トウモロコシを買い物用のキャディーに入れ、街角で売る。豊かな体は歩道にたっぷり幅を利かせる。ムッサもつい最近までわたしと同じ通りに住んでいたという。この地区のアフリカンレストランの好み、どの店のスンバラ（西アフリカ料理で使われる味噌のような発酵食品）が一番か、等々、休憩時間、話に花が咲く。

ムッサ・ヘマとバラフォン

音楽院でのリハーサルは、これから二週間つづくカバコのメンバーとの共同演奏のためのもの。ムッサもカバコも譜面を使わない。譜面がない分、普段それを頼りとしている演奏者の耳は研ぎ澄まされる。リハーサルが終わって家路に着くあいだも、バラフォンの音とリズムが体のどこかに強烈に残りつづけた。

音の短さが印象に残る。スタッカートの効果で音の粒は際立ち、他の奏者との絡みが容易になるようだ。それは彼らが使う楽器のもっている特性なのだが、サックスで真似ようとすると舌が切れてしまう。いまだダブルタンギング（マウスピースに付ける葦でできたリードを舌で一音に対し二度打つ）もままならないわたしの技量では、バラフォンとの演奏に向けて相当の練習が必要になりそうだ。

今までにない練習方法。ジャズの技法は通用しない。頭を、からだを解放させ、同じ音程でタンギングを打ち続ける。ミニマルな練習は、シンプルであればあるほどからだの反応が際立つ。どうやらこの練習だけで、頭もからだも溶けてしまいそうだ。彼らとの練習中に何度脳みそが音の中で溶けそうになったことか。聞き惚れてしまうのだ、彼らの音に。自分が奏でる「音楽」とやらの虚構に、心底嫌気がさした。西洋音楽の教育の下、楽器の練習に加えて、楽理の体系を身につけたわたしが、彼らの前でできることといえば、笑顔で自分の音をごまかすことだけ。しかし、共に演奏する喜びは真実だ。この真実が純粋であると信じ、しばらくは自らの音楽に対する姿勢を鼓舞してみよう。

彼らカバコが使うバラフォンという楽器は、一九二六年にフランスの民族学者、音楽学者アンドレ・シェフネルが著書『始源のジャズ』（昼間賢訳、みすず書房）の中で語ったシロフォンxylophone。西洋でいうマリンバ、ヴィブラフォーンなどの木琴の発祥の楽器である。シェフネルは同書でこう記している。「木から、ニグロはその不透明な性質を十分利用して、失敗する場合もときどきあるが、ある音の正しい音程が隠れている秘密の場所を震わせる」。バラフォンの一音の中に木霊する倍音の豊かさ。音色と同時に感知できる音そのものの短さは、乾燥した木そのものがもたらすもので、バラフォンの場合、一粒一粒の倍音が響きのすべて。その潔さ。堅い木片を音階順にならべ、バチで打つ。メロディーを奏でると同時に、一粒の音がリズムを生む。リズムとメロディーの立ち位置が等しく、等しいから余計に複雑さが際立つ。その複雑さは、シンプルな反復によって、やがて紋様となる。

多声・対位法 polyphonie contrapuntique の織り成す世界《コスモス》は、西洋のそれに劣らない。いや、劣るとか劣らないとかいう以前の世界。野生 sauvage の規則性の中で、音の粒は紋様を描きだす。バラフォン以外の楽器も縦横無尽だ。それら素材の異なるひとつひとつの音は、手作業によって限りなくわたしたちのからだの中に世界《コスモス》をつくりだす。

> 刺繍や絵画やトンボ玉がもたらす規則的な反復の楽しさは、技術的に決定された反復動作からは説明ができないし、そのようなリズムが機械的な動きから発展したという裏付けもないのである。（フランツ・ボアズ『プリミティブアート』大村敬一訳、言叢社）

一人の演奏者がひとつの楽器を両手を駆使して奏でる姿に、ピアノのような機能を想像するかもしれない。しかし決定的な違いは、ひとつの楽器で和音を重ねるところ、あるいはペダルによる残響 réverbération の有無。バラフォンの場合、単音、音の粒はそれぞれ独立している。音の粒の組み合わせにより、音形が変幻自在になる。まるで一人の人間が、語を組み合わせて言葉を話す時のように。

多声・対位法 polyphonie contrapuntique。バラフォンの右手が奏でるメロディーと左手が奏でるメロディー、そのどちらかが伴奏になったり、機能を逆にしたり、あるいはメロディーともいえぬ反復するモチーフを同時に鳴らす。近年音楽学と呼ばれる分野では、こうした音の構造をミニマルミュージックと称する。わたしにとっても、おそらく演奏するムッサにとっても、こういった名称は学びの分野に属することで、あえて意識したことがない。和音の響きの豊かさに劣らぬ、単音が鳴らす倍音の豊かさは半端ではない。

木片の下に取り付けられている共鳴機能をもつ瓢箪の殻は、低音になればなるほどサイズは大きく、高音では手鞠のように可愛らしい。どの殻にも小さな穴を開け、そこに地蜘蛛の巣を貼る。地蜘蛛とは文字通り地中の中に生殖する蜘蛛。わたしたちが想像する蜘蛛糸が張り巡らされたそれではなく、陽に焼けて肌がむけた後の皮膚の皮のように薄い膜になっている。この巣（膜）を貼ることによって、木片を叩く音が瓢箪の中で共鳴し、しかも音がビリビリとまるで三味線でいうさわり、音符にはない、ふるえによるものおとのような音が現れる。音とものおとの音形が強烈に耳に残る。戦時下、このビリビリ感が人間の感情に直接働くという理由で、やはり同じ機能をそなえるドラムのスネアの使用は禁止されたそうな……。始源云々と括られる音の世界だが、近代で言えば例えばディストーション（電気を介し出音に雑音をまぜる器械）やエレクトロニクスによって本来の音の形を変える機能と似ている。人間の求める音形は今も昔も変わらないのかもしれない。後者は電気という付加が必要だが。

ムッサが来日した際、パスポートにこの地蜘蛛の巣の膜を挟んでいた。そこに、この膜の意味する何かがある。地域によっては巨大なバラフォンを大人の男が数人がかりで叩き、リズムのバリエーションを駆使して聴く者の意識をどこかに連れていってしまう。もしかしたら、演奏者の意識それ自体もどこかにいっ、いってしまっているのかもしれない。

バラフォンの演奏を聴く醍醐味は、叩くという行為から生まれるリズムの曼荼羅的空間に身を委ねることに。ある時は奏者一人で音の関係を複雑にし、それでも確実に音の着地点に降り立つ。ある時はアンサンブルで、複数のリズムがあれよあれよという間に宇宙を作ってしまう。ここでいう複数のリズムによって形成される音世界を、ポリリズムという。カバコの演奏、音楽の特質といえるポリリズムは、例えば奏者のムッサ一人が右手を三拍子で奏で、左手を四拍子で奏でたとする。すると、ある周期が倍数の中に生まれる。この周期に耳が慣れてきたところで、二台のバラフォン奏者が、ムッサとは異なる三拍子でそれに呼応する。もっと耳をすませば、ムッサを基準に拍子を数えていた四拍目に、アクセントで低音を打つドゥンドゥンがいることに気づく。

バラ

ドゥンドゥン

バラは一拍目の裏で相づちを打ち、シェケレは一拍目をマークする。

まずは手始めに二人で同時に異なるリズムを鳴らしてみよう。手拍子でもいい、カスタネットでもいい、何でも音が出るもので、単純なリズムを打ってみよう。ひとりは四拍子でリズムをキープする。もうひとりは五拍子の拍に集中する。この場合テンポにもよるが、一周期目は易々とクリアできるだろう。四拍子でリズムを打つ人は同じリズムパターンを五回。五拍子の人はそれを四回繰り返せば両者のひとつのパターンが同時に終わり、お互いシンプルな達成感を味わえる。しかしテンポを上げたり、パターンを数回繰り返してみると、相互にひたすら我が道を行くがごとく、自分の体内リズムに合わせるか、あるいはメトロノームに合わせるか、もしくは相手の鳴らすリズムを聴き、それを感受しながら自分のリズムを鳴

シェケレ

らすか、そのどれかになる。いくらメトロノームでテンポを合わせたとしても、人間の奏でる打音は、その拍の中で必ず揺らぎが生じる。この場合、ポリリズムとは、相互が異なっているという差異の認識のもとに生まれる音の姿なのだ。

人間二人がひとつのリズムに集中し、なお異なるリズムの渦の中にあって自分のリズムを保つには、どうやら自我以外の何かに意識を置く作業が必要なようだ。ひとつの個体の中にあるリズムと、他者の中にあるリズム。時に重なり、時に合わせ、時にズラす。わたしたちはお互いに違うリズムで歩きながら、しかし今という時間に共に辿りつく。演奏している曲が演奏する者の歩みと共に終わるように。これが、アンサンブルでの演奏の醍醐味だ。

カバコの演奏に戻ろう。彼ら九人全ての奏者が一分の狂いもなくアンサンブルを構成する音楽には、どこか実際の生活を営む上での役割と機能に似たようなものが見て取れるのではないか。音楽が鳴っている間、各々の役割をその時その時に音で交換しながら、それによって成り立つ共生、とでも言おうか。単音という独立性、そこには一人称の奏者による最小限のハーモニーがある。しかし他者と奏でるハーモニーは、そこに共鳴を呼び起こす。その時間軸は、限りのない永遠ではなく、継続不可能の美しさの上にある。ポリリズムは、時間軸の上で折り重なり、積み重なる美しさ、音楽における共生をいとも簡単に実現してしまう。だから、演奏者は、自分が演奏する楽器の音を聴きながら、他者が奏でるそれにも耳をそばだてて自分の音を反応させるのだ。

演奏が始まってしまえば定型だけに頼れない。楽曲のフォームはいつ何時のハプニング、昂奮、あるいは演奏者以外の参加によって、万華鏡が形を変えるがごとく変化してしまうかわからない。だから聴く。周りで何が起こっているか、自分に何が起こっているか、それを知るために聴く。聴くという身体機能は、演奏者にとって、音に感応するための最初の機能であり、演奏をするための唯一の手がかり、そして救いでもある。

バラフォンが喋る

ある日ムッサがフェスティバルのプレショーケースとしての、彼のソロライブに誘ってくれた。そこで聴いた演奏は、一人の演奏とは思えぬもの。固唾を飲んで聴いた。メロディーもリズムも空気を響かせ、音の行方を聴衆は知ることができない。ただただ身を委ねるのみ。彼は曲間にバラフォンという楽器の説明を始めた。彼の村では、この楽器の役目は音楽という概念ではくくれないものだという。バラフォンの数ある役割の中でも、死者に語りかけるという役割の話をはじめた。

音楽院でリハーサルを共にした時は、てっきり括弧付きの「ワールドミュージック」として紹介されるアフリカ音楽を奏でる演奏家、とわたし自身レッテルを貼っていた。しかし、彼の鳴らす音があれよあれよという間に空間を旋回し埋め尽くした瞬間、それは音楽なのか、空間の響きなのか、あるいはこの世のものなのか否か、と混乱した。要するに頭での理解を越えてしまったのだ。

後日、ムッサの父上が奏でるバラフォンと、ムッサがある葬儀で演奏したバラフォンの音を聴いた。どう説明すればいいのだろう。音の体験を目の前にして、言葉を操ることのできない自分に対する虚しさを拭い去れなかった。音楽が言葉となり、語ったのだ。葬儀の場は、音で満たされ、そこにいる者をどこかに連れていってしまった。死者のためなのか、この世に残る者のためなのか。ムッサが奏でる死者の魂のための音楽は、実のところ、この世に残されたわたしたちへの音響だったのかもしれない。音が共に響く音共、そして音響。どうやらわたしの脳みそは、渦巻く音に犯されたようだ。渦巻き恐怖症のわたしは、その音からの解放を求め、一ヶ月後、カバコが生活するバンフォラ村へ向かった。

繰り返すということ

ニジェール河の支流、バニ川を渡る舟に山羊を繋ぐ男たち。女性たちが運ぶ、頭に乗せた盥《たらい》には何が入っているのだろう。子供たちが空き缶で作った玩具を河岸で売っている。器用な手仕事で作られた造形美のあるこの玩具は、それさえもプリミティブアートの類に種別されるのだろうか、「アフリカ」という名をつけて。

金もなければ手段もない。あるのは機転と好奇心だけ。パリからブルキナファソへ行くのに当時700€（日本円で約10万円）だったか。ホテルに泊まるとなれば、物価が違うとはいえ、貧乏旅行に貧の底はない。

パリ東側、下町ベルビル界隈は、フィルターを通して、ある一面を強調する「パリ」というイメージとは一線を画した、一見ここがパリであるのかと目を疑うような場所。しかしわたしにとっては、ここここそが真に今を生きるパリの姿だ。ありとあらゆる人々の姿が、食べ物の匂いが、生きる姿が共存する街。大通りの北にシナゴーグ、ベルビル駅の南脇には中国人コミュニティのプロテスタント教会。西南のジャン・ピエール・タンボー通りを下るとモスク。金曜日には、敬虔な信者たちが一人用の絨毯を道路に敷いて、メッカへ向かい祈る姿が見られる。おしゃれなカフェが立ち並ぶその脇道を入ると、セネガル人アブライがお母さんの代から営むバーがある。名物美女フィフィがいるこの店は、いつも男性で賑わっているが、近所のフォワイエ（旧植民地労働者のための宿舎）が撤去された今、最近は彼女の姿も見なくなった。

いつものように、行きつけのこのバーで一杯。アブライに、「今度マリとブルキナファソに行くんだ」と話す。フィフィに誰か紹介してもらいな、とアブライは目で合図をした。フィフィはコートジボワール人だが、家族はマリのバマコに住んでいるという。

彼女に相談した結果、バマコに住む友人、通称「パパ」の家族の家での何週間かの滞在となった。初めて行くサハラ以南のアフリカの空港で、客引きの男たちが群がってくるのを避けるように、パリから持って来た携帯電話でパパに電話をする。が、軽く二時間は待ちぼうけ。知らぬ土地で一人不安な気持ちを電話に託すしかない。後日届いた携帯電話の請求書の額には驚いたが、滞在中、パパの二番目の、わたしより年若い奥さんに、「あなたが第三夫人になってくれるとうれしいわ」と言われ、さらに驚いた。無謀な旅だ。しかしこれも人生の、ある経験なのだ。

年末をはさんでヴィザを得る制限時間はオーバー。しかし各予防注射だけは済まし、バマコ空港に降り立てば、なんていうこともなく空港で査証を購入できた。旅の出迎えに人々は三々五々空港を後にし、待ちぼうけの東洋人は一人でひたすら迎え人が来ることを祈る。スクーターに乗ってやって来たパパを前に、片言のバンバラ語での挨拶の後、バマコ郊外の街へと向かった。へ

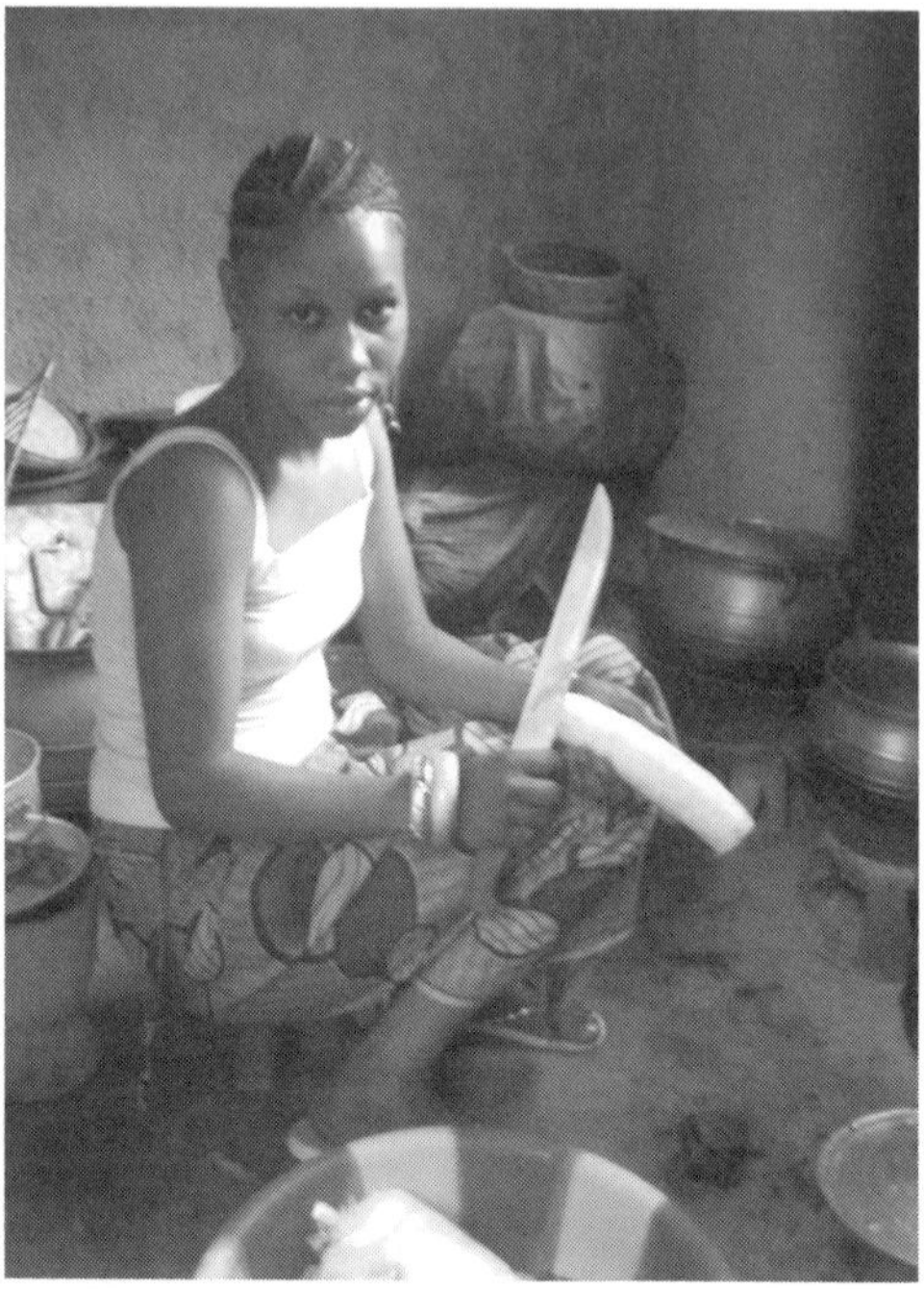

台所（バマコ）

ルメットはなし。サックスを背負い、パパがわたしのリュックサックを足にはさむ。乾いた土と傾きかけた夕日との間にある世界。

バマコ滞在中、毎日サックスを吹くことと同じくらい時間を費やしたのが、女たちが料理を作るのを側で見ていること。中庭に、時に一人で、時に赤ん坊を背中におぶって、火を起こすところから、俎も水道もないところから、家族の食事を支度する彼女たちを見ていると、食事をするという始源的行為の底力を感じずにはいられない。

時に仲間と和気あいあいとしゃべりながら、ナイフを使い、掌の中で器用に野菜を刻み、木の匙でソースをまぜる。水回りは不自由なのに、使った道具はきれいになっている。貧しいという現実があると同時に、貧しいというレッテルだけで見られがちなアフリカという地。何と比較した時に貧しくなるのか、そしてそこには貧しい＝文明が遅れているという認識が働いていないだろうか。このアフリカの大地には、指ピアノ・カリンバという楽器がある。それは西洋にある、あの大きなピアノではない。手の中におさまる、両親指で金属部分を弾《はじ》いて音を奏でるカリンバ。フランスの料理用語でいう調理台＝ピアノは、楽器のピアノを由来とするが、ピアノがあることを文化・文明と呼ぶのだろうか。西洋でいう調理台＝ピアノの有無が問題なのではなく、わたしたちは何を基準に物事を見ているのか、ということだ。

あくまでも「お客さん」であるわたしは、男たちと一緒にごはんを食べる。そして、ようやく三日目にして、彼らが食べ物を残す意味を知った。そこには、女たち、子どもたちが残ったものを中庭で食べるという現実と慣習があったのだ。

マリという国の歴史をほとんど知らなかったわたしは、数日過ごしてようやく、パパとその周囲の人々が敬虔なイスラム教徒であることを知る。毎日の祈り。紙を使った本ではなく、石に書き綴ったコーランを読む姿がそこにあった。

バンフォラ村へ発つにはまだ日にちがある。ある日パパにジェンネのことを尋ねると、彼の目の色が変わった。彼の家に滞在させてもらったお礼として、また一人旅の不安を半減する手助けをしてもらうため、パパに一緒にジェンネに行かないかと提案してみた。数日後、バマコからジェンネへの旅が始まる。パパは、メッカに出向く巡礼者のような神妙な出で立ち。一方、わたしはパーム布を腰に巻き、片手にサックス。

旅の前日、わたしたちがジェンネに行くと聞きつけた者が家を訪れた。ジェンネへ行く途中の村の知人に写真を渡してほしいとのこと。その写真と、もう一つ何かを袖の下で渡していた。朝になり、バナナと水をズックに入れ、乗り合いバスに乗り込む。途中託されたものを届けるべく、一本道以外わずかな樹くらいしかない場所で下車。道のど真ん中で降りたわたしたちは、近くの村まで歩き、村の女に聞き、何キロあるかもわからない遠くの村に向かって歩き出した。記憶は止めどもなく消え去って、今やわずかしか残っていないのだが、そこにあったのは、女と子ども、パパとわたしの影、そして真昼の太陽の強烈な暑さ。空気は静寂《しじま》。音楽ではない音の世界が、ここでは大地の音としてわたしを含めこの地を行く者に寄り添っている。

ようやく目的の村に着き、パパは一枚の写真と、布に包んだ「何か」を村の長老のような人物に渡していた。こうやって、人は人に託して何かを運び届ける。

彼らが何やら話しているあいだ、女のいる場所を見つけ、食事の支度をしている彼女たちの群れに加えてもらう。薪の上に鍋のソースが置かれている。女たちは低い木の椅子に腰掛け、掌の中で野菜を切る。赤ん坊が一枚の布に包まれ、女の腰の上で寝ている。パーム油で玉ねぎを炒め、キャッサバの葉を入れる。生姜や塩、スンバラ（西アフリカの発酵食品。ネレというマメ科の豆を味噌状にしたもの）をすり鉢で混ぜ、ソースのベースとする。わたしの横にいる女は、プランタンバナナを蒸して臼でついたものを餅状にした主食、フトゥをこしらえている。わたしは「何か手伝いましょうか？」と身振りで示すが、女たちはケタケタ笑うだけ。わたしは女であっても、客であり、外の者なのだ。

同じ道を引き返し、再びバスに乗って数時間。バニ川の渡し舟に乗り込み、ようやくジェンネの街に着く。ジェンネには、一三世紀、イスラム政権下で、現マリ国の東部に位置する地域に建てられた、泥でできたモスクがある。この地域の人たちにとっての巡礼の場だ。

広場にある揚げ物屋のベンチで、パパがモスクに入る姿を見送る。イスラム教徒ではないわたしは、ただひたすら待つだけ。だいいち頭に被るスカーフすら持ち合わせていない。毎日毎日繰り返し泥を付け足すことで何百年も維持されてきた、この泥のモスクを遠くから眺めた。隣では揚げ物屋のおじさんが芋を揚げている。祈ることと食べることが同じ次元にあって、そこを時がゆったりと流れていく。

祈りを終えモスクから出て来たパパの姿に安堵。さて、これから今日寝る場所を確保するため、パパの遠い知り合いとやらを探さなければならない。夕照の下、中州にあるジェンネの水辺を行ったり来たり。村からは夕餉の匂いが立ち始める。ようやくみつかった知り合いに、軒先を貸してもらって寝ることに。幸いにも蚊帳を頂戴した。昼間の熱さは何処へ、地べたが急速に冷え込んでいく中で、この地に棲むすべてのものたちの音が眠気を包む。

翌早朝、村を歩けば、女たちの一日の始まりとして掃除をする姿がある。箒で掃く中庭の紅土。

掃いても紅土・ラテライトは地面をまた覆う。暁光が土と女を照らす。明日も明後日も、赤ん坊をおぶり箒を持つ。こうやって繰り返すということ、それが生きるということだ。

ところで、マリから戻って数ヶ月後、パリの自宅にボロボロになった封筒が届いた。わたしがジェンネでお世話になったパパの知り合いの家族を撮った写真だった。彼らにとって写真がいかに貴重であるかを感じ取ったので、主人に住所を聞き、写真を封筒に入れて送ったのだが、律儀にも戻ってきてしまった。封筒には破られた形跡がある。お国柄による郵便事情の違いに腹を立てるだけ無駄というもの。だから、人は直接人に託して届けるのだ。あの時、誰かがパパに託した、小さな村の村長に渡すための布で包んだ「何か」とは何だったのだろうか。

鍛冶屋

バマコからバスに乗り数時間。途中、イスラム教徒の祈りのための休憩。国境での査証チェック。事前にパリで取得したブルキナファソの査証に感謝。地続きの土地における国境とやらがやけに気になる。ブルキナファソ第二の都市ボボドゥラッソのバスターミナルに着いた時には、すっかり陽も暮れた。パパの妹、ジェネバが二輪で迎えに来てくれる。この国唯一の、一週間に数本あるかないかのコートジボワール行きの鉄道。植民地時代に施工され、独立後、ブルキナファソの

ジェネバの練習光景

人々が自らの手で敷いた線路を渡れば、家族が待つ彼女の家に着く。

国民を奮起させた独立後のブルキナファソの英雄トマ・サンカラのことは後で話すとしよう。

ダンサーであるジェネバに連れられ、毎日行われる楽士たちとのリハーサルを見学。屋外の更地には村の人々が集まり、彼女たちの踊りによる砂埃が立ち込める中、音楽に合わせて子どもたちが鬼ごっこをしている。この地域の人々も見学と言いつつ仕事の息抜きに。

この街ではキリスト教区とイスラム教区はどうなっているのだろう。きっちりと分かれているのだろうか。毎日練習の後に訪れるジェネバのボーイフレンドの家には、マリア像を描いた絵が壁に飾ってあった。

道端に椅子を出し、キャンプ用のガスで沸かす薄荷茶《ミントティー》。白砂糖をたっぷり入れる。過ぎゆく甘い時間。年頃のジェネバの愛おしい姿。彼女は、フランスで一度公演をした時の話をしてくれた。ダンサーとして生きる彼女の生活から、西洋人に対するつき合い方まで、いろいろと話をしてくれる彼女の姿から、国を背景にした人と人との関係の、見えない糸の絡まりを感じ取った。そこには植民地時代の考え方が、親やその親から伝わり、彼女の人格形成の一部となっていることが見て取れる。

濃密な数日を、彼女と彼女が所属する楽団と過ごした後、ようやくバンフォラ村にいるマラカス奏者のラミンと連絡が取れ、ボボドゥラッソで合流しようということになる。彼とはバスターミナルで落ち合い、山羊や籠に入れられた鶏と一緒に小さなバスに乗ってようやくバンフォラに着く。いよいよカバコのメンバーとの再会だ。

村に着いて最初にすること、それはカバコを率いるリーダー、ムッサ・ヘマの父親、カバへの挨拶。フランス語を話さない彼の前で、わたしは心からのお礼の気持ちを身振り手振りで伝える。彼はふむふむと頷き、たえまなく煙草の煙をくゆらせながら自分の部屋に入った。部屋から持ってきたのは、長年使っていると思われる彼のバラフォン。わたし一人の前で演奏が始まった。中庭には山羊がいて、子どもたちが遊んでいる。

毛穴がびくびくする。皮膚と筋肉のあいだにビリビリした感覚が走る。演奏が終わった後、わたしをカバの家へ連れて来てくれたラミンが、「カバはバラフォンで、君の訪問を歓迎する言葉を語っていたんだよ。彼のバラフォンは、君、そして君を迎えるにあたり、この地に語りかけていたんだ」と涙ぐんで教えてくれた。楽器で語る？

理解するとはどういうことなのだろう？ 目の前で相手がわたしに語りかけていることを、人に翻訳してもらい理解するというのは、どういうことなのだろう。

癒しの歌が流れる時空間も、語ることによってではなく音の響きとしてしか現れない。精霊は音楽への説明ではなく、体験されるすべての「語りえぬもの」として存在し、生活世界を「かけがいのなさ」というリアリティで満たしていく。

（諏訪淳一郎『パフォーマンスの音楽人類学』、勁草書房）

カバが奏で、語りかけるバラフォンの音を聴き、そして感じること。それが、奏でる者と聴く者との間にある全てだ。

バンフォラにいる若者の有志、当時約八名いた音楽グループを率いるムッサは、二〇人いるカバの子どもの中から唯一、バラフォン奏者として見いだされた。それは、ひたすら忍耐力を要する伝統音楽の継承者として選ばれたということ。代々鉄を扱うことの出来る家系Forgeron（鍛冶師）に生まれた者にとって、それは同時に、儀式としての音楽に携わる者、楽器に触れることのできる者、という意味をもつ。それがグワンの民（通常人類学では何々族という表記をするが、ここでは敢えて民とする。グワンGoinはバンフォラ周辺に住む）としてのムッサの使命だ。冠婚葬祭で演奏する機会を多く持ち、中でも人を弔うために演奏することの多い楽士は、この地で生きる人々にとって必要不可欠の存在。それは死者を治癒し、同時にこの世に残された人々を死の悼みから解き放つ呪術師、あるいは医者の役割をもっている。

彼が幼少の頃の葬送儀礼では、楽士は死者の硬直した肉体を緩めるため、一〇日以上、連日奏でたそうだ。すると、死者の体はバラフォンの音により柔らかくなるのだという。なんという「迷信」めいた、呪術的で、しかし即物的な癒しの方法だろうか。

アフリカの音楽のリズムは肉体のリズムと同調し、肉体を柔軟にし、広げていき、ついにはダンスの躍動がいっきに陶酔感覚をもたらすのだ。

（白石顕二『アフリカ音楽の想像力』、勁草書房）

死者はもう踊らない。血の通わない物体。ただし魂が漂っている。彼らは、死者の肉体的苦しみから魂を解放し、魂を癒すために奏でる。

アニミズム、アニマ＝霊魂。

西洋からのまなざしで何かを捉えた時に生まれる言葉。

奈良時代の死者を悼んだ歌――万葉集などに見る挽歌《ばんか》なるものは、単に死者を追悼した歌ではなく、それがいずれも〝もがり〟の期間に詠まれている（以下、略）

（井上靖『星と祭』、角川文庫）

生者でも死者でもないもがりの期間の霊に対して詠まれる――この場合は演奏であるが――彼らの楽奏が、語る機能を持っていることを忘れてはいけない。

楽士は、食べ、排泄し、少しの仮眠を取り、それ以外はひたすらバラフォンを叩く。死者の肉体が変化し、死者の霊魂が黄泉の世界へ無事辿り着くために、音は村々に響き渡る。それは死者の近親者を音によって憑依状態に置き、この地に残された者たちを癒しへと導く。この憑依状態にとって、バラフォンの音によるポリリズムの音的効果もさることながら、共に鳴るカリヤンという鉄でできた打楽器の音響が必要不可欠。高音で響くそれは、耳から、皮膚から、内臓へ、そして脳へとずんずん入っていく。

私たちは、現地でさまざまなガムランのひびきのスペクトルを実測して、銘器の誉れ高いセットであればあるほど可聴域上限をこえる超高周波成分がより豊かに含まれているというほとんど例外のない傾向に出合い、ただ驚くばかりだった。その頂点に立ついくつかのセットが生み出す音は、耳にはあくまでも甘くあでやかにひびく一方、そのスペクトルは一〇〇kHzをこえるほどの超高周波領域にまで強大なパワーを保って拡がっていた。そしてそのひびきが脳基幹部の活性を高めて心身を癒す効果をもっていることも、私たちの非侵襲脳機能計測実験から明らかになった。(大橋力『音と文明』、岩波書店)

大橋力のいうバリ島のガムランのやわらかい音色とは違い、初めてカリヤンの音を聴く者は、その金属音に耳を塞ぐだろう。ましてや西洋の音楽ホール、スタジオ、教会などで聴けば、その響きは、アフリカやバリ島の土の上で鳴るそれと異なるものになるだろう。それはともかく、この楽器の効果は高音であることが重要だ。魂に語りかける音なのだ。

この超高周波成分の存在が単に音を快く美しくひびかせるだけでなく、とりわけその超日常的に強調されたパワーを浴び続けることで、心身(実際には脳)の活性が非日常的なモードに転じ、意識変容を伴う〈トランス状態〉に導かれることを古くから承知していた。この知見のうえに、バリ島の人びとは、共同体を構成する不特定多数の中に集団的トランスを計画的に誘起させ合目的的に運用する手続きを開発し文化コードとして伝承して、祝祭や儀式

の時空間を絢爛たる陶酔へと飛翔させている。（同）

ムッサはいう。バラフォンのバチを持たせてもらえる前に、何年もカリヤンを打つのだ、と。

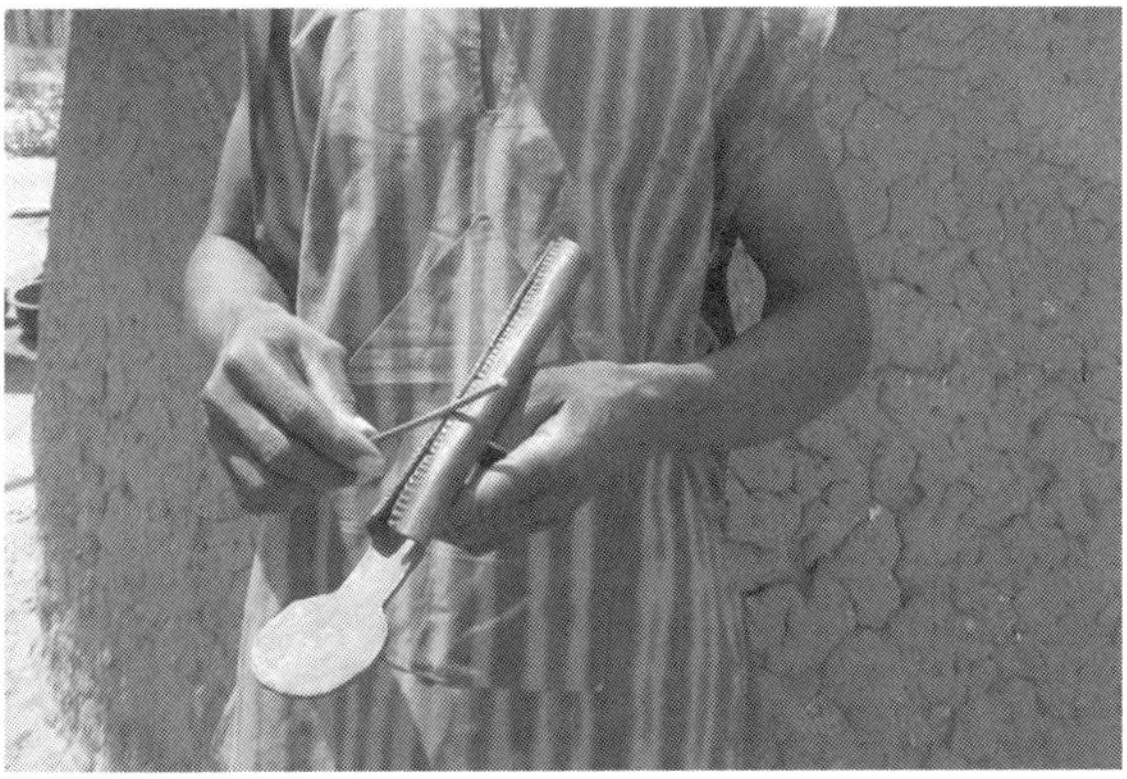
カリヤン

八分音符で刻むリズムは十六分音符に。やがて奏者のからだの細胞にまで浸透するリズムとなり、そこでようやくバラフォンと対面できる。このレベルに辿り着くまでの忍耐力。二〇人もいる子どもの中で、カバは唯一、ムッサにその性質を見いだした。他の子どもが学校に行ったり、遊んだりしている最中、ムッサは父カバの横でずっと修練した。

来日の際、ある大学で行った講義でムッサが言ったのは、「音楽と生命のリズム」のこと。「リズムを奏でると、そのリズムは自分自身に返ってくる」という。生物学者の福岡伸一も、「音楽は、わたしたちに、自らの生命の実存を再確認させるために生みだされた」という（「福岡伸一の動的平衡」、『朝日新聞』掲載）。福岡がたとえにあげたリズムは、バッハのプレリュードだ。ムッサのソロ演奏を初めて聴いた時、バッハの旋律をそれに重ねたことを想いだした。根源的な音の世界の共通性。ポリフォニーと対位法が混和し、楽器の差異はあるものの、人々が切望する音の響きとかたちがそこにあるように思った。

カリヤンという鉄でできた楽器に話を戻そう。鉄でできた楽器といっても、それは単に物質としての鉄ではない。物質的、精神的という二項対立はグワンの民にとっては無縁で、彼らにとっては汎神論的に融合できるものだ。

この近代主知主義のさまざまな姿、一方では〝客観的〟自然科学と、それに後続する技術や工業、他方、不毛な抽象概念のなかでしだいに自己喪失する精神科学や神学など、そのさまざまな現象において、近代主知主義は当時まだ残っていた擬人観的な、つまりものと人間とを同質にみる世界観を炎の情熱で最後の一片まで駆逐してしまったのだ。

（ミヒャエル・エンデ『エンデのメモ箱』田村都志夫訳、岩波書店）

ものに魂を見いだし、それを扱うことのできる者。「音環境と人間との決定的な不適合の出発点は、直接的には産業革命と考えていいだろう」（大橋力『音と文明』）。近代の名の下、「鉄を扱う者」という一人称は消えつつある。この村のカーストである鍛冶師も、もしかしたらその波に近々飲まれるかもしれない。人間は経済成長の中で、個人がものを造るという行為を失ってきた。あるいは、誰のものでもない音楽を共有するような空間を近代は奪ってきたのかもしれない。個人が個人のものとして聴く音楽。ヘッドフォンの中に鳴る音はわたしのもの。空間に鳴り響く音は誰のものだろう。

カバコ、そしてムッサが葬儀で奏でる音には、奏でる相手がいる。それは死者だ。そこにはまた、この音をお裾分けしてもらう者もいる。ここで鳴っている音楽は誰のものでもない。みんなのもの。だから、奏者をその日雇う者＝故人の家族はいても、その場にいる聴衆も自然発生的に演奏者への礼として「おひねり」を渡すのだ。肉体を駆使する奏者は、汗だく。汗が滴る彼らのおでこに、金＝お札はぴったりと貼ることができる。ここにも、音を出すからだとの直接的な関わりがある。

人を弔うのに、経済の世界では見いだすことのできない贈与のやり取りが、目の前で繰り広げられる。これほど単純な、生の中にある営みを、どんな文明が蹂躙できようか。この「おひねり」の話はもう少し後に、音楽のフェアトレードという発想の中で考えてみよう。

グワンの民の使うバラフォンは、長さが二メートル弱ある。幼少の頃のムッサは、お父さんであるカバの横で叩きながら、バラフォンの上で仮眠をしたそうだ。大人たちに紛れて彼らと同じサイズのバチを使うムッサの指の間には、石ころのように固くなった豆ができた。

一人前になったムッサは村を離れ、瞬く間に国を代表するバラフォン奏者となり、当時西アフリカのニューヨークといわれたコートジボワールのアビジャンへ行く。国立舞踊団の一員として数々の公演をこなし、すでにフランスでの成功をおさめていたカンパニー、エベヌ Ebene を率いる振り付け師イレーヌ・タスンベド Irène TASSEMBEDO の目に留まり、彼女のお抱えバラフォン奏者としてフランスへ渡った。その後の彼の活躍は、カバのいる村にとっては損失であり、だから、カバコ Kaba-kô というグループの存在は、この地に生きる民のための楽士を育てようというムッサの気持ちの表れなのかも知れない。

フランス共和国からの独立後、サンカラ政権時代に建てられた運動施設跡地で練習するカバコの演奏を寝転がって聴く幸せ。この音楽を聴いた誰もが一度は思うであろう、「また聴きたい」という気持ちを抑えられなく、乾いた土の上で鳴り響く彼らの奏でる音に心底魅せられてしまったわたしは、この時心に誓った。日本でこの音楽を皆で聴くという形で共有したい、いつかカバコを日本に連れて行く、と。

五にまつわるふしぎな世界

ムッサの村では一週間という単位が七日ではなく、五日で構成されているという。五芒星、五行、五法、五味、五色、五滴、五覚……必然的に東洋のそれと比較してしまうが、わたしの勘はあながち見当はずれでもないようだ。中国で発祥し、日本で使われている七十二候の起源を紐解くと——

二十四節気が季節の節目や自然現象、寒暑といった大きな変化に注目するものだとすると、七十二候のほうは動植物を中心にした日々の小さな変化に注目するものだといえる。実際、二十四節気のひとつひとつを三つに割り——ということはほぼ五日ごとに区切って——変化を切りとった大変なものである。いわば自然への微視的配慮とでもいうべきものが七十二候で、こういう感覚が身につけば、よほどわたしたちの自然に対する見方は変わるだろうと思える。

前漢時代に成立したとされる『黄帝内経素問《こうていだいけいそもん》』は、時のとらえ方を次のように整理している。「五日これを候と謂う。三候これを気と謂う。六気これを時と謂う。四時これを歳と謂う。」そして候とは物の気の生長変化を観測することだという。

（志賀勝『人は月に生かされている』、新曜社）

ものみな生きるそれらとの相対的な関係の上に、わたしたち人間は生きる営みの単位として暦をつくったのだろう。

アフリカ全域、あるいは各国各地の民俗芸能で使われるお面や装束、そこに表象されるものは、人間が「ものみな」を模すことが前提になっている。数多ある宗教とは別の次元で、アニミズムの存在が感じられる。人間ありきでない世界。しかしアニミズムという言葉自体は、西欧からの眼差しで捉える植民地時代の落とし子だ。アニマ＝霊魂。魂の世界が、音によってこの世に現れる。五（＝候）から七へ。音楽の世界では西欧に限らずインドや中国などでも七音音階は存在するが、ここでは暦に焦点を当ててみよう。そこに現れるものとは何か。

西洋はじっさいのところ全く科学的ではないカレンダーを使っているということもある。この奇妙な事実は、引き続いて行われたいくつかの改変と、歴史的宗教的な理由、とりわけ『聖書』の天地創造の物語によって説明される。

（ロジェ・カイヨワ『逆さまの幻想』: La Nouvelle Revue française、一九五二年）

もちろんバンフォラの生活には、非日常（長距離バスに乗る、飛行機に乗る…etc）から日常（TV番組の曜日、学校や市場の休みの日…etc）まで西洋の暦が導入されている。実際、意識のどのレベルで彼らの暦と西欧のそれとが共存しているか想像しがたい。しかし、どうやら、生活の中心にあった五という単位を、生活と共に音の世界に反映できるようだ。

やや飛躍して、極端且つ意地悪に、ドレミファソラシドの世界が正常な音世界なのだろうか、

Cメジャーペンタトニック

Cマイナーペンタトニック

と問うてみよう。平均律に対し、微分音や純正律の音は、今を生きる人間の耳で聴き取ることができるだろうか？　器械でしか判別できないというのなら、人間の感覚よりデジタル世界、器械の判断する音が正しいということになるのだろうか？　今ここに鳴る音に、人間はいつから一面的な価値をつけるようになったのか？　ただし、ここでいう音律の例は、善し悪しを問いただすものではない。要は、差異を認めるか、認めないかなのだ。

　前述したグワンの民が使うバラフォンは、五音音階《ペンタトニック》で構成されている。ペンタとはギリシャ語で五の意味だ。それは他の地域で使われるバラフォンと比べてのひとつの特徴だ。数ある五音音階の中で、しかも日本の音楽に数あるその中で、わたしたちが一番よく知っている五音音階は、演歌で聴くあの音列、旋律かもしれない。ドレミソラという響き。わたしたち日本の音世界を語るのに、やはり中国のそれを紐解いてみよう。すると五行説に辿りつく。

　大げさかもしれないが、バンフォラに生きる人々の音楽をはじめ、空間を飛び越える音楽に共通するものをみると、そこにはまず大地があり、生の営みがこの大地にしっかりと根を張っていることに気づく。

木、火、土、金、水の異なった物質の特性が、秩序をもった配列に従って相互に規定し、そこに一種の循環性を作り出す。「相生説」では、木が燃えて火を生じ、火は灰になって土に変わり、土中から金属が現れる云々と、各々次々に五行の順次に従ってものが生じて来ることに力点がおかれた。さらに、陰陽主運説から、五つのうち「土」に格別の地位を与え、他の四つは常にその「土」の支配を受けるという、「土王説」が出てきた。こうした陰陽、五行の「相生説」が、ある基準のもの、時には「太一」と称せられるものより出発して、多様な変化、発展をしながら万物を生成する。（吉川良和『中国音楽と芸能』、創文社）

自然界にあって、わたしたちの持つ感覚の中で心地よく響く音程。それは根音から一オクターブ上の八度、そして完全五度（音楽における音程の一つ。度数が五度で、かつ半音七つ分の音程）と完全四度だという。五音音階は五つの音から構成される音階。その説明のひとつの例としてあげられるのが、ピタゴラス音律から発生する解釈である。ドから完全五度を重ねると、ドソレラミとなり、これを並べ直すと、ドレミソラとなる。

このピタゴラス音律というのは、実はピタゴラスが発見したわけではなく、ごく自然に世

界中に存在している。(玉木宏樹『純正律は世界を救う』、文化創作出版)

と同時に、世界にある五音音階のそれを探ると、その土地土地にある自然との関係性の上で、音律、そして音程が構成されていることが感じられる。それは楽器の特性からも見られ、演奏者にとっては欠かせない楽器のチューニングをする際に顕著に現れる。土地と楽器発祥の関係。そして演奏者自身のからだに記憶される音高《ピッチ》。器械で計る音程が全てではない。また単に理論的なペンタトニックで音楽を構成するのではなく、それぞれの楽器がもつ音程の特性を気にかけること、これこそが音世界の広がりに触れるということだ。

グワンの人々のバラフォンの音列を聴いて、懐かしい、聴き心地がいい、と感じる背景には、理論では計りきれない彼らの楽器の特性があるようだ。それは、自然界に鳴り響く音であるかどうか、ということだ。

転調可能である十二平均律。ムッサが使うバラフォンはモノチューン(著者による造語、音楽用語にはない)だ。ひとつのバラフォンに対して調が決まっている。徹底したひとつの調で奏でる音列。それが豊かなふくらみをもった音の紋様をえがきだし、聴く者を虜にする所以は、平均律の中では輝くことのない倍音の響きをわたしたちが本能的に聴きとるからだ。

グワンの人々の、バラフォンを基準にしたペンタトニックの単純さと、西洋のペンタトニックの複雑な部分を比較すると、西洋のように宇宙を複雑に捉えて天文学的に研究するか、グワンの人々のように宇宙を今日という一日としてとらえ、その宇宙が生きる者すべてのために在ると考えるか、いずれにしても両者は極めて対称的だ。しかし、だからこそ、この二つが交わる可能性にわたしたち音楽家は昂揚する。まだ見ぬ音楽に出会うために、音の交わりによって音楽家同士の間に亀裂が生まれると分かっていても、創造することに魅了されるのだ。

進歩と可能性の追求の果てに、二〇世紀初頭に形成された十二音技法。五音音階の音楽はその対極にある単純なものかもしれない。しかし、その単純さは究極のものであり、それ以上を求める必要がない。わたしの嗜好からいえば、両者の音楽をともに愛さずにはいられない。両者の宇宙に浮遊する音の魅力は、ジョージ・ロックバーグ（アメリカの作曲家。一九一八〜二〇〇五年）の講演にある「無中心性」といった考え方にも見て取れる。

七という単位が、ある「完成形」の周期であるとすれば、それはものごとの完結を前提としている。五という単位の場合、これは「継続形」で、次にくる音は、たえまなく続く自然との対話ということになるだろう。ものみなと共に生きているという事実。そこに支配はない。しかし、この事実は近い将来、失われてしまうのだろうか？

個々の制度や文物や景観の消滅にとどまらぬ、ひとつの全体的関連としての有機的生命、

すなわちひとつの個性をもった文明の滅亡。（渡辺京二『逝きし世の面影』、平凡社）

それが人類の宿命なのだろうか？

バンフォラの女たちは、自分の仕事に進歩を求めず、自らの身体でできる範囲を家事とし、今日という日に必要な食材を買い求める。明日にはまた明日に必要なものを。今日の物質的満足が、今日の精神的安堵につながる。今日という余剰を蕩尽すると、明日という日がまた訪れる。西欧社会で称賛される文明的進歩に対し、停滞とみられるバンフォラの毎日の生活に、わたしはかえって豊かさを見て取る。

グワンのバラフォンの音は、この楽器の倍音が五音音階の中で響く時が一番美しく、心地よい。それ以上、何も必要ない。

音楽の進歩と演奏者の進歩に関しては後ほど語るとしよう。

すれ違う音、重なる音

時系列に従って話を進めよう。

バンフォラ村からパリに戻ったわたしに、バラフォンの渦巻く音のうねりは以前にも増して身体にしみ込んでいた。カバコの練習を録音したＭＤを、夢見心地で何度も聴く。カバコの音によってパリの風景が徐々に表情を変えていく。

ムッサと出会った機縁を逃さぬため、ことある度に、一緒に演奏をしないかと彼に声をかけた。その一つに、ブルターニュの田舎で行われる村をあげての小さなフェスティバルがある。コンセプトは音楽と料理。会場となるのは、この村に住む人々の庭だ。代々この地に住む者もいれば、よそから来た者もいる。ひとつの共同体として村で生活している彼ら。発起人はこの村の住人であり、世界を旅したドキュメンタリー映画監督。彼はおそらく、グローバルという名の大きな世界の趨勢に対して、小さな世界で起こっていることの大切さを実感していたのかも知れない。

パリからバラフォンを運び、ブルターニュの演奏家とセッションが始まる。日中の庭での演奏に、村人は芝生に横たわりながら音に身を委ねる。子どもたちも楽器の周りで大はしゃぎ。時折、海風が吹き、鳥の囀りが聞こえる。ここでは「伝統音楽の、葬送儀礼の演奏家」といった括弧付きの呼び名は必要ない。土の上で奏でることができればそれでいいのだ。そして夜の演奏。屋外に設営されたステージに移動する。ステージにはサックス、ギター、ドラム、ベース、バラフォン。ドラムの打ち響く音によって後ろから煽り立てられる。横にいるムッサを見れば、彼の笑顔ははち切れんばかり。彼の必殺テクニックは絶頂に。ドラムのガストンとムッサは初めて演奏するというのに、二人の間にみえる深い信頼関係。これはなんだろう？　わたしと演奏をする時、ムッサは手加減していたのだ、とこの時はっきりわかった。ドラムとバラフォンの白熱したセッションは、次の音世界が生まれるきっかけとなるだろう。

パリへ戻ると、コートジボワールのンゴニ奏者、バシール・サノゴ Bachir Sanogo を加えた五人編成のバンドをやろう、とムッサからの提案。ぜひとも一緒に演奏したい。それを実現するために、欧州をはじめ世界では、多くの公的地域文化振興財団、あるいはメセナなどを通じたアーティストインレジデンスというシステムがある。ある期間、音楽家（舞台芸術、造形芸術…etc）が公共施設で滞在型の創作活動を共にし、日程最終日にはその制作発表のコンサートをする、という流れ。大雑把にいえば、クリエイトすることにお金が支払われるということだ。一般的には、プロジェクト、創作の結果に対して金は動くが、作品が生まれるゼロの時点から、こういった団体が助成する仕組がある。

　わたしたちのプロジェクトが受け入れられた場所は、パリ南西ベルサイユ宮殿のもっと南、サンカンタンイヴリン市。これから一週間にわたるリハーサルが始まる。共に演奏できるという昂奮度が高ければ高いほど、理想とする音楽の生みの苦しみは一層強くなる。これは経験から言える事実だ。

メンバーを紹介しよう。

木でできた楽器組：

・Bala はグワン語で木の魂という意味をもつ楽器、バラフォン Balafon：ムッサ・ヘマ（プロジェクト発起人）
・アラビア語で木という意味をもつ楽器、ウード Oud：ヤン・ピタール
・バンバラ語で若人のンゴニ（撥弦楽器）という意味をもつ楽器、カマレ・ンゴニ Kamale N'goni：バシール・サノゴ
金属でできた楽器組：
・ベルリオーズが変なトランペット（一般には絶賛したといわれているが）のような楽器と言った、一九世紀にできた楽器、サックス Sax：仲野麻紀
・太鼓やシンバルを一人で鳴らすことができ、始源的な打つという行為で、あらゆる素材を鳴らす装置、ドラム Drums：ガストン・ジーコ

知識として知り、あるいは録音物や映像の中で聴くこれらの楽器と、共に演奏する楽器とでは、その関係の在り方は大きく違う。異なる背景、異なる構成、異なる奏法をもつ楽器たちが共に鳴る。それが嬉しくて仕方がない。

ところで、「博物館」ケ・ブランリー（二〇〇六年に開館。人類博物館と国立アフリカ・オセアニア博物館の収蔵品と資料を中心に構成）に陳列されている楽器の歎きを何と表現すればよいだろう。隣り合わせにひしめきながら保管されているあの楽器たちの魂に、わたしたちは「観る」

という仕方で接するしかないのだろうか。わたしたち人間はそんなにも、モノのざわめきに耳を傾けなくなってしまったのだろうか。

カマレ・ンゴニ奏者、バシール・サノゴ

バシールの使うカマレ・ンゴニは、起源は弦楽器で、ンゴニとは撥弦楽器という意味。バンジョーの祖ともいわれる。木をくり抜き共鳴胴とし、山羊の皮を張ったものと、瓢箪をくり抜き、やはり山羊の皮を張ったものがある。バシールのそれは後者。ドーゾ・ンゴニ（狩人のンゴニ）、ジェリ・ンゴニ（語り部のンゴニ）などの種類がある。彼のンゴニは五音音階《ペンタトニック》で構成されている。瓢箪が大きく、音階もダイアトニックで構成されているのが、コラ。ンゴニ、コラ両者とも、グリオ（世襲の語り部）が唱いながら奏でる楽器である。

さて、これで五音音階を鳴らす役者は揃った。あとはわたしたちが、彼らの五音音階の音世界にどれだけ寄り添い、同様に彼らがわたしたちにどれだけ歩み寄ることができるかだ。対等に演奏するという難題は、そう簡単には解決できない。そのことをこの後すぐ知ることになる。

ムッサと演奏するにあたって、創造の壁は音列だけではない。リズムの捉え方も違う。どういうことか。ある曲を、わたしは四拍子で捉えていても、彼らはそれを五拍子にすることができる。ミクロポリリズムとでも名付けようか。

アフリカのパーカッション（衝撃）・リズムは、多拍子的《ポリメトリック》であるか多律動的《ポリリズミック》であるかのどちらかである。多拍子形式（polymetry）にあっては、幾つかの異なる種類の基本の拍子《ミーター》が同時に聞かれる。多律動形式《ポリリズミックス》にあっては、単一の基本の拍子がさまざまの仕方でアクセントを置かれ、切分《シンコペイティッド》される。たとえば、多拍子形式では、一のドラムは四・四の拍子を取り、同時に第二のドラムは三・四の拍子を取り、そして第三のドラムは二・四の拍子を取るのである。そのうえ、エントリーは同時に奏出されてはならない。このようなオーケストラの総譜を書こうとすれば、小節群を垂直に互いに関連させることはできないだろう。しかも、拍子の持続時間は一定不変である、つまり、小節群の同一の継起が規則的に反復されるのである。一方、多律動形式（polyrhythmics）にあっては、小節群は、ヨーロッパ音楽におけると同様に、相互に垂直の位置をとる、が、同一の拍子の幾つかの律動的な変形が一緒に組み合わせられるのである。

　これら双方の基本的形式に共通であるのは交差律動（crossedrhythms）の原理である、つまり、使用される基本的形式の主たるアクセントは一致することなく、十字形に交差するような仕方で互いの上に置かれるのである。その結果、たとえば多拍子形式にあっては、個々の基本の拍子は同時に始まるのではなく、異なる時に始まるのである。
（ヤンハインツ・ヤーン『アフリカの魂を求めて』黄寅秀訳、せりか書房）

ひとりひとりが小節単位でポリリズムを自由自在に操る。操る、というのはリズムのズレとでもいおうか。このズレ、訛りが、西アフリカ音楽全体の魅力でもある。しかし、それを演奏という形で体現しようとすると、ムッサのように基礎からリズムの訛りができる者と西洋音楽一辺倒のわたしたちの間では大変な差が出てしまう。しかもこのグループにはベースがいない。ベースの機能である低音で支える何かがないのだから、各人が自分のリズムと音列を独立したものとして保ちつつ、自分たちの演奏をやるしかない。

レジデンスはすでに始まった。数日後にあるコンサートに向け、お互いに譲歩できぬ音はむき出しのまま。セッションとは違う形で音楽をすることの苦しみ。演奏技術の差、肉体的な差、感覚の差は、音を奏でる喜びでしか埋めることができない。
ムッサが手繰り寄せようとする音世界に歩み寄れば、それはそれである程度形にはなるだろう。しかし、それでは彼の音楽の模倣に過ぎず、演奏者はその真似ごとができる者であれば誰でもいいことになる。わたしたちは、アフリカを支える役目ではなく、アフリカと対話できる音楽を求めているのだ。あるいは五音音階《ペンタトニック》の世界だけで成り立つ異国趣味的な音楽で満足できればいいのだが、それも満足できない。

五人五様の音をまとめるのに、誰かがリーダーになり、それに従ってそれぞれの楽器がもつ役割を果たせば、シンプルな構造ができあがる。しかしわたしたち五人とも、構造上生まれるヒエラルキーを回避すべく試行錯誤する。これは難題だ。リハーサルでは、できないことをできるようにしようとする意志と寛容、一緒にできた時の興奮のバランスが要。

ベースになるのは、純粋に音楽を一緒にやりたいという動機だけ。アフリカ風味を目立たせようとするのでも、フランス産バターの存在を強く打ち出すのでもなく、ましてやわさび風味を加味しようとするのでもない。さまざまなスパイスが溶け合い、煮立ち、灰汁をすくいながら、時間をかけてある料理になるはず。そのためにはそれぞれの持ち味を知ることが必須だ。

わたしたちひとりひとりの経験を提供しあい、交じりあう音の行方を追う。音列も、リズムも、組子のような、刺し子の柄のような連続性を持てるはずだ。連続性がうねりとなり、構築された時、鳴りのいい音楽になる。ひとりひとりの音のパターンが、時空ですれ違い、やがて他者のそれと重なる瞬間、目が合い、喜びが合わさる。それが音楽が鳴るということだ。しかし、すぐまた想い通りにならない音の粒を目の前に、途方にくれる。わたしたちが信じる音の神さんたちは、どこかバラバラの場所でわたしたちを見守っているようだ。

音で互いに歩みよるとはどういうことなのか。

譜面ってなんですか？

移動の多い演奏活動をしていると、少しでも荷物を減らして動きたいと思う。五キログラムはあるサックスを背負い、片手にはクラリネット、それに一丁羅の衣装が入った鞄があり、ツアー最中は手売りのＣＤもある。登山家が山を登るのに鉛筆を最小限に短くするように、最小限の荷物が好ましい。そこで出てくる課題は、いかに譜面を暗記し、荷物を軽くするかということだ。今なら携帯電話を使って写真として取り込めばいいだろう。しかし電気が容易に手に入らない場所での演奏もあるから、自分の脳を最大限に使いたい。頭というからだの一部、脳の膂力《りょりょく》が問われる。

譜面を見ながら演奏する行為と、自分の脳にある映像を指に移す行為とでは、瞬時の反応が全く違う。もしかしたら観客は、そうしたことにはまったく気づかないかもしれない。しかし、わたしたち演奏者は知っている。譜面を必要とする時に鳴る音と、譜面を見ないで奏でる時の音の違いを。

ムッサやカバコは譜面を必要としない。ドラムのガストンも必要としない。彼らは優れた演奏者である。ガストンは父親の仕事の関係で幼少から船で生活していたという。だから世間一般でいう学校教育は受けていない。いつも大西洋を行ったり来たり。寄港したキューバでは地元の音楽院に時々遊びにいっていたという。音楽院《コンセルバトワール》という場所は、その名の通り、Conserve（保存）の機能をもつ所だ。教育機関であり、国や地域がもつ歴史的な音楽の継承を目的に次世代の音楽家を育成する。そのために過去の音楽教育を基盤に、伝統音楽から実験音楽までを統括する。現在フランスの音楽院にはジャズ科が設置され、インプロヴィゼーションをひとつの演奏形態とする教育が行われている。この世界では、音楽という分野の共通語として譜面の読み書きは必須。その機能は脳に音を構造的な形として可視化させることだ。そうすれば楽曲の全体像が見えてくる。

> 藁でもつかむような気持ちで、習ったパターンを片っ端からリズム譜に書き留めていくことにした。みな好奇の眼差しでぼくの書くオタマジャクシを眺めている。ところが、この方法がみじめなぼくの状況を一変させた。それまでつかみ所のなかったリズム構造が手に取るようにはっきりとわかるようになったのである。そればかりではない。おそらくは何日もかかるであろうたくさんのリズム・パターンを何と数時間のうちに会得してしまったのだ。楽譜の威力はすごい。（塚田健一『世界は音に満ちている』、新書館）

譜面とは、演奏者にとっての道標であり、保存という機能でいえば、後世に伝える記録でもある。民族誌と呼ばれるフィールドワークでも、譜面はその機能を発揮する。しかし、それはあくまで採譜のレベル。演奏と譜面との間には計り知れない溝がある。

人は昔から衝動的に音を奏でてきた。その衝動は個から発せられるものであり、それに共鳴する人々に対する応答としての音楽となる。ある時期から、それが譜面という形で継承されていく。前述したインプロヴィゼーションの世界ではどうだろう。所属としての民族ではない、個の民族性——それはどこにもない共同性のこと。八〇年前にバタイユが言ったように、限りなく希望なき共同性は、個が自立性や社会性を覚醒した時に芽生える。それと同じように、インプロヴィゼーションも、ひたすら孤独に個の内側に木霊する民族性に耳を傾ける。要するに、「具体的な歴史によって生成された個を超えた運命的構成体、すなわち「民族（Volk）」」（モーリス・ブランショ『明かしえぬ共同体』西谷修訳、「文庫版訳者あとがき」より、ちくま学芸文庫）ではない、個の存在が出発点なのだ。だから、その時瞬時に反応して音を創造《クリエイト》するためには、各人のフォルクローレとなるべき音楽的修練は必須。譜面を読めない、しかし優れた演奏者を前にして、コンセルバトワールの意味するものとは何だろうか、と考えた。

ムッサがそれに答えるべくある小咄をしてくれた。これは前出した音楽人類学者塚田健一氏の例に似ている。

ムッサはある日、バンフォラ村で一人のドラム奏者と演奏する機会があったという。このドラム奏者はフランスの音楽院を首席で卒業、有名なジャズマンとの演奏経験もあった。わたし同様、ムッサの奏でるバラフォンに魅せられ、直ぐさまプロジェクトを立ち上げた。バラフォンの鳴る地でムッサとのリハーサルを重ねたが、ムッサいわく、彼はいつも譜面にムッサの示すリズムパターンを書いていたという。そして、その紙を見ながらいつも演奏していた、と。

彼の気持ちは痛いほどわかる。わたしも脳内にある記憶力に音とリズムを覚えさせるため、どれほど譜面に音をおこそうと試みたことか。しかし、それが無意味であることはすぐにわかった。目の前に鳴っている音を頭とからだに吸収して初めて、自分自身が音に反応できる。音を譜面という視覚的なもので追っていては、肉体の反応が遅れる。頭とからだが同時に反応しなければ、彼らとの演奏は不可能なのだ。第一、譜面を見ることに追われていては共演者とアイコンタクトができない。状況を感じ取ることができない。音の周辺には、中心となる音の核だけではない何かがある。だから練習をする。音をからだに叩き込む。だから音が自由になり、音楽になる。

アフリカという地にあるのは、記譜法ではなく、口承で保存 conserve する文化だった。

ムッサは現在、フランスという西欧の地で暮らし、音楽院で教鞭を執っている。だからこそ、この話の背景にある文化の差異を実感しているに違いない。

譜面という手段で音を記号化することは、音の位置の解明にはつながるだろう。しかし、迫りくる音や空気、そして演奏する者の間に生まれるエネルギーに反応する場では、視覚的情報や楽理は必要ない。記号には記すことができない、リズムと音の間には、演奏者たちが培ってきた土地と音楽とのゆるやかな関係がひそんでいるのかもしれない。このゆるやかな関係は、バラフォンの倍音の中に見られる。

人間は単なる基音だけを聞いているのではありません。その音の背後にある大きなものを、耳、肌、身体で感じ、脳内はさまざまに変化しています。（中村明一『倍音』、春秋社）

半音を最小音程の域とする音世界と、倍音の鳴る広汎で緩やかな音世界の違い。それぞれにそれぞれの背景がある。それは一言で言えば、聴くという能力から派生するものごとへの理解と感応の仕方の違いだ。

互いの音と共生する

約一週間のレジデンス最終日、五人全員が持ち寄った楽曲を演奏した。いみじくも五音音階《ペンタトニック》は演奏家の人数に還元されたようだ。汗だくになって楽屋に戻ると、ひとつの山を越えたお互いの達成感があった。一緒に音楽を奏でられた喜び。リハーサル中に、みな何度匙を投げそうになったことか。しかしこの喜びがあるから、音楽を奏でることをやめられない。

ムッサがバンフォラで奏でる音楽は、「伝統」と呼ばれるものかもしれない。今を生きるこの伝統演奏家は、何かがプラスされることによって継続する伝統の一部になる。「伝統」とは共有されるもので、あるヒエラルキーの中で「保存」されるものではない、とムッサは音で訴えている。葬送儀礼では、すべての人々が弔い、悼み、哭き、そして来るべき明日という日のために踊る。そこにヒエラルキーはない。あるのは、魂《アニム》の唸りだけ。わたしたちは魂《アニム》が憑依した音に反応し、トランスする。今ある「伝統」とわたしたちとの間に生まれたこの音は、融合（フュージョン）ではなく、対話と呼んだほうがしっくりくる。

メンバーの想いはCDという形で作品になった。作品のタイトルは、"Out of Place"とした。エドワード・サイードの自伝『Out of Place』に呼応したかったから。カテゴリー化できない音楽。居場所のない、どの分野に入れられても居心地の悪い音楽。ジャズでもなければ、ワールドミュージックでもない。エリック・サティの楽曲があり、宮城の民謡がある。五人が持ちよった曲がそのすべてだ。後日、CD販売店タワーレコードでこのCDを見つけた。それはペルーの民族音楽の横に佇んでいた。

このCDに収められた作品の解説をしたい。
一曲目：Ce palot fou（Out of Place のアナグラム＝狂わしいキスの意）作曲：仲野麻紀
イントロを除く二拍子のベースライン上で、テーマ、ソロ、カバコのリズムバリエーション、

左から、ヤン・ピタール、ムッサ・ヘマ、著者、ガストン・ジーコ、バシール・サノゴ

パーカー的リフが繰り広げられる。バラフォンとカマレ・ンゴニによる確固とした五音音階に浮遊感をだすため、十二の音（十二音技法ではない）による第二旋律を導入。バンフォラの子どもたちの歌声を多重録音。

二曲目：Sanjiye　作詞：バシール・サノゴ　作曲：ヤン・ピタール

紅土の大地にとっての恵みは雨。それは農作物の恵みに直結する。フィールドレコーディングの雨の音から始まり、七拍子×三拍子＝二十一拍子の構成。

三曲目：歌の庭　作詞作曲：仲野麻紀

東北大震災後の大地は、何を残したのか。文化人類学者レヴィ＝ストロースが論じ、氏の本の装丁にも使われたドイツの画家、アニタ・アルブスの絵本『歌の庭』（一九七六年）からタイトルをとった。歌詞は、すべてを失くした人々へ気持ちを寄せた子守唄。固定された五音音階は、基音を曲中で変えることによって新鮮さが増すのではと考え、F（ファ）メジャーの五音音階から、C（ド）を軸にするCメジャーの五音音階へ。この二つの五音音階を組み合わせることによって、楽器の調整を変えずに、楽曲にふくらみがでることを試みた。わたしたち西洋の楽器が、ムッサとバシールが使う楽器へと歩み寄る方法。

四曲目：かけっこ Les courses　　作曲：エリック・サティ

本来ストラヴィンスキーが担当するはずだった、「スポーツと気晴らし」の二十一曲の中の一つ。サティの諧謔的な作風が表れている曲。単音を繰り返すバラフォンの音に、実際の競馬の中継音が重なり、テーマに突入する。曲の最後に響くバラフォンの単音は、空馬券を表している。

五曲目：出発の前 Mai kasireta　　作曲：ムッサ・ヘマ

イントロは十五拍子。ウードのソロがテーマへと導き、演奏者五人とも一拍目が異なるテーマへ突入。ベースラインの五拍子の中で一見ポリリズムのように聴こえるところは、個人の力量にすべて委ねられている。演奏者それぞれが責任をもって拍子を保ち、その上でアドリブをしないと、交差点での大事故のようなことが起こってしまう。聴き所であるムッサのソロにDubが重なる。

六曲目：美しい人 Deni ni kagni　　作詞作曲：バシール・サノゴ

パリのカフェで演奏していたバシールの即興的な曲を膨らまし、歌詞を付けた曲。Deni ni kagniとは、男女関係なく、美しい人（人間）への賛美。

七曲目：大漁唄い込み　宮城民謡
東北大震災で亡くなった人たちへの追悼として。アフリカ人、フランス人たちがコーラスで歌うことによる連帯。ヤン・ピタールによる大正琴のソロ、ハーモニーが聴き所。
八曲目：夢のペンタフィリア **Onirik pentaphilia**　作曲：ガストン・ジーコ
三拍子、あるいはアフリカ独特のリズムのズレは、三拍四連もしくは四拍子にもとれる。途中、ベルベルのフレーズ、四拍三連のリズムが出てくるが、基本的には六拍子のベースラインで繰り広げられるポリリズム。

五人が音の円心を目指し努力する。これが鳴る音楽のための歩み寄りとなった。すると音楽のカテゴリーは、悲しいほどに効力を失い、この音楽の居場所はないとわかった。しかし、これは悲観することではなく、より自由な試みの可能性を示している。

セピア色のトマ・サンカラ

「サンカラの存在は偉大でしたね」。パリ郊外リラ市。ムッサのコンサートへ一緒に行った友人は、コンサート終了後、楽屋口で演奏への賛辞にこう付け加えた。その瞬間、わたしは、ブルキ

ムッサの父、カバの部屋の壁に貼られたトマ・サンカラの写真

ナファソについて何も知らないことに気づく。「サンカラ」という人物を、わたしは知らない。

バンフォラ村ではサンカラのプロマイド写真を何度も眼にした。キューバの革命家チェ・ゲバラのように、街の市場には彼のステッカーが売られている。道行くバイクに貼られ、ギターを持ったサンカラの写真のTシャツも。何よりも、ムッサの父親、カバの部屋の壁に貼られた色あせた写真が彼の存在を物語っていた。宗主国フランスからの独立後、民が生きるための指針となった一人の男の存在。カバとは言葉での会話ができなくとも、サンカラの改革がブルキナファソの人々を如何に励ましてきたかは分かる。だからこそ、サンカラ暗殺後の彼らの喪失感をいやがうえにも感じる。歴史の上で、「もし彼が生きていたら……」と仮定する虚しさは、サンカラと共にひとりのブルキナファソ人として生きてきたカバが一番知っている。この国の希望はサンカラの暗殺によって失われた。カバは自分の後継者である息子が今、フランスで生活しているのをどう思っているのだろう。

ブルキナファソの人々にとってのトマ・サンカラとは誰だったのか、少し話そう。

一九世紀末から続く、フランスによる西アフリカを中心とした植民地支配。ブルキナファソも例外ではなく、フランスの植民地下にあった。ブルキナファソは植民地時代、「オートヴォルタ」と呼ばれた。しかし、この土地に住む人々にとって、単に「ヴォルタ川上流の国」という意味の国名になんら愛着を持てるはずがない。地理的な意味しかもたない名前を、宗主国フランスが国名として付けただけのこと。その後、サンカラが大統領となり、「清廉潔白な人々の国」という意味のブルキナファソという国名に変えた。

一九六〇年代の植民地国の独立の流れの中で、ブルキナファソも独立。しかし、実権を握ったのは、植民地時代から続くフランスの支配下にある傀儡政権だった。国民の生活水準は悲惨なものだった。その腐敗した政治に一石を投じたのが、トマ・サンカラ。彼が大統領になる以前の経歴は省くが、国を統括し、民にとって本来在るべきはずの生活の実現にむけて彼が掲げた理念は、「自国生産、自国管理」だった。これは旧ユーゴスラビアのチトーが掲げた「自主管理社会主義」の精神に近いかもしれない。サンカラは国民のことを「同志 Camarade」と呼んだ。そして、彼ら彼女ら同志に、援助ではなく、自国の力で立ち上がることを提言した。その提案に国民も、多部族が集まる国の一同志として大いに期待した。

サンカラは、安価な賃金で作られた輸入物の綿のシャツを、広告プロパガンダやブランド名によって左右されるのではなく、自分たちの手で作り、着ようと呼びかけた。やがてそれは、ブルキナファソ製綿生地―ファソ・ダンファニ―となる。援助によって供給をまかなうのではなく、自国の土地に生《な》るトウモロコシの栽培を促した。それは作る喜びとなり、人々がこの国に生きる意味を自覚することにつながった。

生産物を運搬するため、また田舎の農民たちが移動するための交通手段として、国民一人一人の手で道路、鉄道を造った。外国の企業によってではなく、自分たちのためのものを自分たちで造るという計画とその実行。二〇〇六年に制作されたドキュメンタリー映画、"Homme Intègre"(「高潔なる人」、Robin Shuffield 監督、フランス)に、国民一人一人が素手でレールに石を敷く映像がある。Levi's のマークの入ったTシャツを着ている青年に、「リーバイスのジーンズは丈夫だそうだが、あなたは名前の入ったそのTシャツを着ることでリーバイスの宣伝をしているのですよ」とサンカラが語る場面。

サンカラ政権下では組合は存在しなかった。なぜなら、組合とは搾取する権力者のために組織されるものであり、サンカラの思想が実現すれば、そもそも組合を作る理由がなかったからだ。これは理想主義だろうか。

「北による南の支配を利用して個人的な富を蓄えつつ、自国民を貶める全ての指導者たち」
「聖書やコーランは、搾取する者と搾取される者に同じように役立つわけではない」
ドキュメンタリー映画「Capitaine Thomas Sankara」（Christophe Cupelin 監督：二〇一四年、フランス）より

二〇一五年に上映されたChristophe Cupelin 監督によるサンカラのドキュメンタリー映画から

彼の姿は今、映像として観ることができる。その中での彼は往々にして軍服姿だ。軍服を着る理由は、これまで自分の犯罪を戦争という名のもとで正当化してきた軍人、また銃を使うことが誰の利益になるかを考えない人間＝軍人に対する揶揄なのだという。

当時のフェミニズムの動向に呼応してか、彼の思想には

女性の仕事に対する敬意があった。彼は、男たちが市場で買い物をする日を決めた。慣習的に市場で今日の食料を買うのは女の仕事だったが、女性たちが微笑む横で男たちがしどろもどろで買い物をする姿が映像に残っている。

他者の自立を妨げるのは、己の利益を守る者だ。己の利益を守る者にとって、成熟した自立は不利益だから。帝国主義、新植民地主義を前にサンカラが提示した生きる方法とは、これから他者（他国）と直に接するにあたり、アイデンティティの基礎となるものを自分たち自身で生産するということだった。サンカラはこれを自立とした。現在を生きるわたしたちの生活環境で、帝国主義は資本主義と単に名前を変えただけ。その産物をわたしたちは毎日食べている。革命の何かも、帝国主義の何かも分からない国民（同志）を前に、彼はこういった。「帝国主義とは何か。むずかしく考えないでください。食事の時、みなさんのお皿にのっているトウモロコシやキビの粒のことです」。そう言ってサンカラは、国民一人一人に理解を求めた。

この言葉は今も、サンカラの姿を直接見たことのない世代にひとつの喩えとして言い伝えられている。

農業を、文化としてとらえてみると、そこには驚くばかりの現象が満ちみちている。ちょうど宗教が生きている文化現象であるように、農業はもちろん生きている文化であって、死体ではない。いや、農業は生きているどころでなく、人間がそれによって生存している文化である。消費する文化でなく、農業は生産する文化である。

（中尾佐助『栽培植物と農耕の起源』、岩波新書）

サンカラが大統領に就任した一九八三年から四年の間に、ブルキナファソは自給自足を達成した。もしかしたらこれは、戦後日本の高度成長期の国内生産力の上昇と似ているかもしれない。最大の相違は、ブルキナファソが約六〇年の間、フランスの植民地であったこと。サンカラ以前の価値観をもつ官僚は、西欧への隷従を率先しておこない、国民の生活には目もやらず、自己の利益をひたすら追求した。西欧からしてみれば、表向き独立したといっても政治的には自らの手の内にいれておきたいところ。一国だけの話ではない。この国の成功例にアフリカの他の国々が追走することを西欧は恐れていた。冷戦下、サンカラが社会主義国の方々へ出向き、国の形成に必要な知識を得たり、親密な外交関係を築いていったりしたことにフランスは我慢ならなかったにちがいない。当時、アフリカの国々はまたもや、西欧資本主義諸国と社会主義、共産主義諸国との間で繰り広げられたオセロゲームに翻弄されていた。

On ne tue pas les idées　思想は死なず　（サンカラ、一九八四年、国連の演説で）

しかし、革命を継続するには、気の遠くなるような忍耐が必要だった。人々は革命を牽引するリーダーに対し早急に結果を求める。サンカラ一人ががんばって走っても、そばで誰かが水や食料を補給したり、声援をかけたりしなければ、彼の長距離走はなんとも虚しいものになってしまう。さらに、国際社会からの圧力にも翻弄された。

両側が崖の坂道を自転車で走っているような気分です。だから、車輪を止めることはできないのです。（映画「高潔なる人」、Robin Shuffield 監督、フランス）

この時、彼が同志たちと呼んだ国民が、彼の長距離走に寄り添ってくれていたら……。ネイションとステイトの狭間でサンカラの政策継続の努力は力果てる。

一九八七年、三十七歳のサンカラは、革命を共におこなった一番の親友であるコンパオレ（一九九二年から二〇一五年までブルキナファソの大統領を務めた）に暗殺された。暗殺を解明する手がかりの先に見えてくるのは、フランスという国の政治的な力。その後、一九九〇年にミッテラン大統領が表明した「ラ・ボール宣言」にみられるように、アフリカ諸国への経済援助と引き換えに民主化が推進され、サンカラの自国生産、管理といった思想はうやむやにされていった。

海外支援とは何だろう。本当の自立を支援するとはどういうことだろう。金にものをいわせて、その国の人間を不能にすることではないはず。個人と個人との間の信頼関係が拡がることだ、とわたしは確信している。各NGOやJICA青年海外協力隊など、支援の形はさまざま。支援する側の彼らを現地に派遣する財力は、それぞれの国、機関にある。それは大きな力によって成り立っている。しかし現地の末端では、個人と個人との間の小さな力が関係性をつくり、それが連続することで支援は成立する。個人の意識が、ものごとの最終決定の要なのだ。

サンカラの築く小さな世界と、どこか遠くにある小さな世界は同期している。その間に、大きな世界が介入し、とやかく言う権利はない。確かにサンカラは世界銀行からの借款を拒んだ。しかし貸付側の策略はゼロだっただろうか? 大きな世界が小さな世界に援助という名目で行なう政治的介入。下心がないといえるだろうか。

もう少し身近な話で喩えてみよう。親が子どもに対して最悪な状況が訪れぬよう金銭的な援助をすればするほど、子どもは自分の人生を築いたという達成感さえ持てなくなるだろう。どうにもならなくなった時に手を差しのべる親と、思考を止めてしまうほどの援助をする親との違い。個の自立から国の自立まで、これに関する経過と結末は喩えの通り。サンカラも、ローカルに生きる人々も、自立するのに安易な援助は求めていない。サンカラは、こうも言う。「援助という形での協力を拒んでいるわけではありません。しかし自力にともなう思想を恐れているのは誰なのか?」と。

サンカラの遺物は、一台のバイクと一台のギター、そしてわずかな衣服だけ。権力を私欲に向けることなく、言葉だけでなく革命を自らの身体で示し続けた。これは美化された事実だろうか？　わたしは、ブルキナファソの人々が「信頼」という言葉を使う時の真摯な心を知っている。国民は今もサンカラに信頼を持ち続けている。だからこそ、今でも等身大の彼の姿を街で見かけるのだ。それは美化とは違う。

セピア色になったサンカラの写真の前で、逝きし日の、希望に満ちた自分たちの喜びを煙草を喫いながら追想するカバの横でわたしは誓った。わたしは、カバコの音楽や彼らの存在を搾取しない、利用しない、と。ただただ、心震えるこの音楽を誰かと共有したい。サンカラは言った、自国のものを同志と共有する、と。

ファソ・ダンファニ（ブルキナファソ製綿生地）が音楽になる。

信頼の贈与交換

自分の心に誓ったことを実現する。それはバンフォラ村でカバコたちの演奏を前に誓ったことでもある。二度目のバンフォラ村への滞在は、カバコの音楽を録音するため。またもや金もなく、コネもなく、あるのは熱病のような情熱だけ。ムッサが休暇滞在する時期をねらって八月に、灼熱の太陽のもと、パリで人から借りた録音機材を背負い、ひとりでバンフォラ村に向かった。そ

バンフォラ村での録音光景

の時期が、その年の断食月（ラマダン）に重なろうとは思いもせずに。ブルキナファソにもイスラム教徒は多く、カバコの中でも数人、敬虔な信者がいる。録音は日中にやるしかない。想像を絶する厳しいものになった。

録音場所は、事前にフィールドレコーディングの技術士に教わったように、カバの住む家の中庭。ここで録ることによって、地面の土、土壁の家、中庭の真ん中にある樹が、カバコ全体の音を吸収し、左右二つの耳が実際に鳴っている音を感知するような録音になる。

彼らはフランス公演の際、すでにスタジオでの録音を試みている。しかし、西洋の建物の中では彼らの楽器の音は響きすぎる。彼らの楽器の音は、野外で空間に飛び立つためのもの。だから、彼らの楽器ひとつひとつにマイクをあてがい、ミックスダウンをするという録音方法はここでは通用しない。第一、彼らの音楽を知らない録音技術者では、楽器自体がどのように鳴るものなのか、ヘッドフォンからは聴き取ることができない。

陽が一番弱まる午後三時以降を狙い、限られた時間の中で録音が進む。一番鳴りの良い場所を探しあてるため、中庭の中を三、四度移動してみたが、最良の場所はトイレの横。西風が吹くたびに、カバコの疲労にトイレの匂いが重なって、苛立ちに拍車がかかる。最終的に、録音作業を横目に洗濯物を干す女たちの手により、布の壁ができあがった。

テイク2、テイク3。太陽の熱で機材が溶けてしまいそうだ。部屋から様子をうかがうカバがいる。興味津々の子どもたちは、変な機材を操作するわたしとムッサの周りに群がる。道端には携帯電話で音楽を聴いている人も。一日目の録音を夜に確認し、翌日の改善箇所を書き留める。わたしが彼らに与えられるのは、彼らの音楽への敬愛と休み時間に食べるバナナだけ。たった二日でカバコの全てを録音し終わった。その日は偶然にも断食月ラマダンの最終日。村の人たちがカバの家の中庭に集まり、宴が始まる。あとは録った音を無事にパリに持って帰るだけ。

村を発つ前夜、カバコは彼らの手で作った小さなンゴニを、バラフォン奏者であり楽器製造職人でもあるカリムが小ぶりのバラフォンを、旅立つわたしに贈ってくれた。バラフォンは五音音階《ペンタトニック》でも沖縄の音階になっている。わたしに寄り添ってくれる彼らの気持ちが嬉しい。小さなンゴニの共鳴胴には、こう彫られていた。「Maki tu as toute notre confiance（マキ、信頼している）」。カバコと信頼を贈与交換する。この瞬間ほど生きているという実感を感じることはあるだろうか。レヴィ＝ストロース『悲しき熱帯』の有名な冒頭の文章――「わたしは旅や探検家が嫌いだ」――この始まりの文章に託されたこととは何だろう。人は、非日常である旅から日常に戻り、旅の陽も陰も思い出にする。同じ地で生活を共にしない他者は遠い存在だが、この遠い存在が「信頼」という結び付きで近い存在になる。

録音した音楽はＣＤとなり、わたしとカバコとの間にある信頼により、経費を省くすべての利潤を彼らに渡す。それがわたしという個人にできることなのだ。

ムッサを日本へ招待する以前から、カバコの日本での演奏の構想はあった。カバコがわたしに与えた「信頼」が起爆剤となり、諦念を払拭する毎日のガソリンとなる。自分をまるで映画「ロッキー」の主役、スタローンに置き換えたかのように、カバコ日本公演実現のためにわたしは走り出した。

ローカルとローカルが同期する

何の力もないわたしが、さて、何から始めようか。大手プロモーターにかけあうことも、大手広告代理店に話をもっていくことも、コネは皆無なので無理な相談。ブルキナファソという土地に鉱物が豊富にあるわけでもなく、スポンサーになってくれる企業も希望はなさそうだ。何をするにしても、まずはアフリカ大陸にあるブルキナファソという小さな国の説明からしなければならない。売りになるものはひとつもない。第一、わたしは企画書だって書いたことがない。文化活動を助成する各種の文化事業助成基金はどうだろう。もちろん応募はしたが、すべて落ちた。原因はなんだろう。応募した団体の意向にそぐわなかったことは確かだ。

アフリカの音楽が、日本という場所では文化として遇されないのか。なぜアフリカ音楽に対して一概に与えられるワールドミュージックという域を超えられないのか。アフリカの「伝統音楽」という括弧を付けて、世間一般が抱くアフリカのイメージを強調するべきなのか。わたしたちと同じように毎日を生きている人間が奏でる音楽に、どうやったら同期できるのか。音楽業界と呼ばれる世界に入ったことがなく、それが原因としても、自分の力のなさに切歯扼腕する。

しかし不思議なことに、すでに日本の地でカバコたちが笑いながら演奏する青写真が脳に浮かんでいる。一歩も企画は進んでいないのに、なんという楽観的な見通しだろうか。人に会うたびにカバコ日本公演の話をした。共感する人、聴きたいと興味をもつ人、一人じゃ無理だよと答える人……。

ある日、佐渡島で観た「鼓童」の舞台が頭をよぎった。彼らとカバコが一緒に演奏したら、どんな化学反応が起こるだろうか？　このアイデアは、有名ではないカバコを有名な「鼓童」と共演させることで話題性がつくれるかもしれない、という下心みえみえのもの。純粋性はない。知り合いを辿り辿って、雪深い佐渡島へ行く。アポもなにもなしで「鼓童」の施設へ行ったが、門前払い。ほらみたことか。情熱だけでは何も進まない。純粋性のないアイデアには当然の結果だ。

わたしは肝心なことを忘れていた。佐渡島にある伝統芸能「鬼太鼓《おんでこ》」こそが、「鼓童」の元祖だということを。この島には今も地域ごとに鬼太鼓を継承し、日々練習に励み、行事のあるたびに芸能を披露している集まりがあるのだ。すぐに島の知り合いに掛け合ってもらい、佐渡島東側にある両津を拠点に活動する春日鬼組を紹介してもらった。

鬼太鼓とは、約五〇〇年前、能楽が佐渡に渡り、島の各地域の芸能と融合し、独特の民俗芸能となったもの。悪魔を祓い、家内安全、子孫繁栄、商売繁盛、五穀豊穣を祈るものとして、神社の祭礼で奉納される。現在一二〇組といわれる鬼太鼓の芸能の種類は枚挙にいとまがない。太鼓や笛の演奏に加え、雄鬼雌鬼が裏太鼓に合わせて面の白髪を振り乱し舞う姿に圧倒される。なによりこの小さな島に、今も連綿と息づく芸能とそれを継承している人たちがいるということに圧倒された。

舞台パフォーマンスとしての鬼太鼓ではなく、地域の祭りや門付を目的とした鬼太鼓にカバコと共通するものをみた。なぜカバコの公演が海外からの鳴り物入りのパフォーマンスにならないのか。彼らが無名ゆえに採算が合わないというネガティブな理由で、企画段階にして賛同者を得られなかったのか。わたしは気づいた。舞台芸能ではないからだ、と。彼らの演奏は冠婚葬祭を目的とした芸能であって、一般的な入場料を取るコンサート、見せ物としてのパフォーマンスではない。土地との関わりを第一に、そこに生きる人々にとっての特別な日のもの。鬼太鼓もカバコも、誰のものでもない、その土地に根ざした芸能だ。パフォーマンスではなく、彼ら演奏者の背景にあるものを認識した上で成り立つ音楽なのだ。ここにローカルとローカルが同期する可能性が生まれた。

　佐渡とバンフォラ村という、ローカルとローカルの関係。なぜわたしたちは、西欧経由のアフリカ音楽としてでしか彼らの音楽を知ることができないのか。わたしたちは目と目が合う距離で、あるいはライアル・ワトソンが『エレファントム――象はなぜ遠い記憶を語るのか』（福岡伸一・高橋紀子訳、木楽舎）の中でいう「同期」のように、遠くにあって、しかし本質的な部分に共通性をもつ音世界をお互いに理解できるはずなのだ。わたしたちの日本はローカルでいい。ブルキナファソもローカルでいい。小さな国でひっそりと生きるという営みをすればいい。西欧に象徴される事象に翻弄される必要はない。これも、目下の社会情勢に目を向けぬ理想といわれるだろうか。成熟した社会とは、西洋からの批評によって左右されるようなものではないだろう。

　ローカリズムといっても、限定された地域のことではなく、関係によって結ばれていくロ

ーカリズムである。（内山節『主権はどこにあるか』、農文協）

戦後の日本とアフリカの関係は、「国際社会」というジャッジの前で意味をなす日本とアフリカであって、それは現在も国の外交政策として機能している。

日本外交の最終目的はアフリカ自体をどうするかということではなく、「国際社会」あるいは特殊には国連における日本のステータス向上にあったのであり、日本－アフリカ－「国際社会」、という三主体の関係を抜きにしてアフリカ外交が語れないという構図は同じである。（佐藤誠『日本のアフリカ外交――歴史にみるその特質』、アジア経済研究所）

実際の旱魃、それによる難民や餓死の問題から目を背けることはできない。しかし、日本でのアフリカのイメージは、そこに本来ある豊かさをいつも見過ごしてしまう。その豊さとは、グローバル経済にとっての資源云々でもなければ、日本人的な価値でいう生活水準の豊かさでもない。「飢餓大陸アフリカ」と一対一で向き合わず、三体の構造の中で成立する日本・アフリカ・国際社会という関係性の中で、日本はアフリカの何を見ているのだろう。

西欧を経由して届くアフリカ音楽ではなく、国際社会という名の西欧の目を気にしてつくるアフリカとの関係ではなく、人類として向き合うことはできないのだろうか。もしできるとすれば、佐渡とバンフォラというローカルな関係の中で起こることは、マスメディア的効果もいらなければ、マスメディアさえもいらない。両者の間の信頼さえあればいい。それは第三者に提示することが目的のものではなく、あくまで一対一の純粋な関係性に帰結するものなのだ。

さて、遠くにあるローカルとローカルが同期するには、実際問題として物理的距離を埋めなければならない。毎日何トンという公害を地球にもたらす文明の利器ではあるが、それでも飛行機を使って彼らと出会う。わざわざ彼らを彼らの土地から連れてくることに対する当惑。さまざまなリスクと目の前で奏でられる音の想像を天秤にかけた。何百人の日本人がブルキナファソへ行くことも想像した。どこかで折り合いを見つけなければ前に進まないことは明らかだ。

翌日航空会社へ問い合わせた。

音楽のフェアトレード

わたしの貯金はいまだ五〇万円にも満たない。家賃を払い、楽器の修理や維持にかかる金。日々食べていくだけで正直精一杯だ。明日病気を宣告されたらどうするか。残念ながら私財を投げ打って云々などとはほど遠い現状だ。すでに構想から三年は経った。八人の楽士をブルキナフアソから日本へ連れてくるのに、渡航費が必要だ。それに日本国へ入国するのに査証申請がおりるかどうかも分からない。ともかく在ブルキナファソ日本大使館の大使へ査証懇願書を送る。ブルキナファソから日本へ行くにはフランス経由が有効だと考えていたが、実際は欧州の空港内のトランジットでさえも通過ヴィザが必要だ。首都ワガドゥグのフランス大使館へ、出るかもわからない査証申請をする。バンフォラからの往復距離、それに申請費用を考えると他の方法を考えなければならない。

その前に彼らのパスポートの申請がある。最初で最後の海外演奏は二〇〇九年のフランス。当然、有効期限も切れている。海外に初めて行く者もいる。首都ワガドゥグの公的機関は、情報処理の慢性的な故障に見舞われている。同時に、本当に来日できるかどうかもわからない楽士の公演の準備を日本で進める（実際はフランスに居ながら）。すべてが綱渡りだ。

日本に帰国した際、駐日ブルキナファソ大使館へ相談にいく。無心するわけではない。そもそもサンカラ亡き今、ブルキナファソは自国の文化に関する事業は基本的に国際社会からの援助を受けている。国に根本的受容力がないことは明らかだ。査証、航空券手配に対しては何の力にもなれないとの返答。しかし、トルコ航空を使えばトランジットに査証がいらないという情報だけが救いとなった。そして、七月の終わりまでにパスポート申請をするべきだとの助言。機械の慢性的な故障という問題を抱える役所は、夏期に入るとさらにその機能が滞るのではと推測されたのだ。結果、ムッサはカバコ全員のパスポート取得のために寝ずに一昼夜、将軍に懇願するためワガドゥグを走り回ることになった。

カバコにはもちろんマネージャーはいない。渡航に関するすべての手続きを自分たちでこなさなければならない。査証申請書の記入例をわたしが書き、申請用紙をブルキナファソで待つカバコに渡さなければならない。その時に、バンフォラでＪＩＣＡ国際協力機構の派遣員として働いた一人の日本人女性からの助力があった。ＪＩＣＡ退職後、ブルキナファソでシアバター製品の現地制作、女性雇用を支援するア・ダンセという会社を起業した森重裕子さんから突然のメールが届いたのだ。「来週バンフォラへ行きます、何か役に立つことがあったらなんでも仰ってください」。見ず知らずの人からの連絡に度肝をぬかれた。彼女はわたしが綴っているブログを読み、連絡してくださったのだ。現地バンフォラの、カバコたちが住む場所への郵便事情に関しては百パーセントの懐疑が必要。早速必要書類を彼女の元に送り、カバコに直接渡してもらう。最終的には査証申請に必要な費用を現地のセファで彼女に立て替えてもらった。それらのことが彼らの書く拙いローマ字にすべて詰っている。在ブルキナファソ日本大使館の書記官、霞ヶ関の外務省の査証担当者は、彼らの字を解読できるだろうか。

わたし自身のフランス滞在における滞在許可書の書き換え、そして演奏活動もあった。この年、わたしは幾度となく飛行場のロビーで時間を過ごした。アムステルダム空港でのトランジット。携帯電話が鳴る。大使館からだ。七人分の査証が、今日無事発行されたという知らせ。わたしが彼らの身元引受人であるからか、直接携帯電話へ知らせてくれた。吉報だ。空港ロビーの窓からヨーロッパの空を一人眺める。

　残るはムッサ自身の査証。彼の場合、フランスで労働する滞在者であるため、在フランス日本大使館での申請となる。何度足を運んだことだろう。理由は簡単。彼の預金が日本へ行くのに必要な金額を満たしていなかったのだ。申請に必要な書類は、身分証明書、申請書、招聘書、給料明細、日本滞在にかかる経費の証明、身元引受人の住民票と銀行残高証明、そして申請者本人の銀行残高証明書。すべて揃っていた。それでも足りない書類があるとのことで二度三度と通い、四度目にして、ムッサの銀行預金という問題の真相が明らかになった。何かあった場合、誰が責任をとるか——万が一強制送還されることになった場合という想定。こんな単純なことのために回りくどく四度も大使館に赴いた事実に対し、頭に血が上った。最初から渡航者に対して不信があるのなら、その時点で問題点を明らかにするべきではないだろうか。受付窓口で、全責任をわたしが取る云々を手書きで書きなぐり、親指で捺印をした。三日後、査証は発行された。


　さまざまな場所に布石として置かれた駒たちが、見えない糸に繋がって回り始めた。ものごとの共時的な同期の始まりだ。

　まず国立民族学博物館での公演が決まった。そこでは、ムッサによるバラフォンの説明、グワンの人々にとっての音楽の話、カバコによる演奏が行われる。加えて佐渡・春日鬼組との共演。広島では筆で有名な熊野町での公演。本来市町村がつくるべき公共の場としての公園を、この町

広島県熊野町でのカバコの演奏

に私財を提供して造った輸入会社トモコーポレーションの友岡清三氏の助けによって実現する運びとなった。造園は建築家の丸山欣也氏。

人間はこれまで、庭園を（公園と呼ばれる公共庭園も含め）日々の生活や生産活動を入れない、一種の自然保護区として保存してきた。人々は、そのまわりにある矛盾に満ちた商品化の世界に生活し、生命を空虚さのなかにさらしている。（中沢新一『ミクロコスモス2』、四季社）

この公園は里山。竹やぶで遊んだり、池を覗いたりする子どもたちの姿。棚田に畑。自家発電の試み。街というよりは村という雰囲気を持つ熊野町の公園は、その名もビオパーク。宿泊はみな雑魚寝。村の人々との祭りとなる。ここに、バンフォラで体験した、誰でも聴くことができる空間の日本での可能性が生まれた。

名古屋は市が運営する円形劇場「ちくさ座」。市の住民でなくとも公共の場を利用できるシステムだ。この会場の利点は、舞台がフラットであること。案の定、聴く者皆がカバコと同じ位置で音を浴びた。御殿場では、敷地内を自由に入場できる「時の栖」。この施設は温泉、地ビール、工作コーナーなど、日常に色を添えるアイデアに溢れている。アフリカの人々とはおそらくテレビ以外では会ったことのないだろう御殿場の住民が、カバコの演奏でからだを動かした。

初日の演奏を終えたカバコ（明治大学）

「時の栖」と同じ経営者である庄司清和氏が、浜松フルーツパークでの演奏を提案してくださった。静岡には西アフリカ音楽の演奏グループがある。彼らとの交流と演奏。東京での公演とムッサによる講演も加え、結果十カ所になる。大学施設を開放してくださった早稲田大学の小沼純一氏。日本平和学会例会の場にカバコの演奏を添えてくださった明治学院大学の勝俣誠氏。明治大学アフリカ文庫と、明治大学軍縮平和研究所との共催による大学公開講座での演奏。千秋楽の前座には、「アフリカの音響、音としての精霊、音楽と身体」というテーマで宗教学者中沢新一氏と映像人類学研究者川瀬慈氏との対談。演奏をからだで聴く者、文化人類学という学問を通して立ち会う者。最も重要な役目として、現在はケニアに赴任中の、セヌフォの民の葬送儀礼研究者である溝口大助氏にムッサの通訳をお願いした。目の前で繰り広げられる音の世界に、からだと頭が一体となる。

これらの準備は着々と進み、駐日ブルキナファソ大使へパスポート取得、査証発行の報告をした。ところが、出てきた言葉は、「日本滞在中きちんと見張っていてくださいね」。この時に味わった失望と焦燥感をどう表現しようか。「信頼」だけの関係で結ばれたカバコとわたし。「信頼」の贈与交換のない関係では、猜疑が生まれ、やがて防衛が生まれる。予めの責任回避。これは両国間の外交上の立場からすれば当然の考えであろう。話は飛躍するが、しかしわたしたちは今、仮想する敵のために防御という名の武器をつくりつづけ、世界を欺瞞に陥れている。誇大妄想だろうか。先達の思想は防御という方法を助長するためのものだったのか。もっと深いところに生きる可能性はあるはずだ。もっと深いところに。

カバコを日本へ招聘する段階から、「フェアトレード」という言葉が気になっていた。というのも、日本でのアフリカへの関心の先には、援助という意識が必ず見て取れたからだ。その援助の方法のひとつが、一九世紀、オランダ人で東インド会社の官僚であったデッケルの思想に基づく公正な取引として生まれたフェアトレードだ。名古屋公演の準備をしている時だった。協力してくれた方がふと言葉に出した。それは「音楽のフェアトレード」。自国民の自立としてサンカラによって実行された綿の生産。それは今、商品としてではなく、生身の人間が奏でる音楽として、聴く者へ公正に届く機会が生まれる希望となった。

希望といったら大げさだろうか。湯水のように使った金の出所を知らぬまま、言い値で音楽を聴く環境で、わたしたちは本当に演奏者へ還元されるようなコンサートのチケットを買っているだろうか。カバコの場合、元来パフォーマンスとしての公演ではなく、現地で演奏する彼らに、聴く者が直接、祝儀として謝礼を渡す。この方法こそ、ただ今現在の演奏を聴く機会に必要な発想 Idée なのだと直感した。

バンフォラの隣町でブルキナファソ第二の都市、ボボ・デゥラッソで遭遇した結婚式。そこでは通りがかりの人たちも結婚の祝歌を歌うグリオの女性にお金を渡していた。人の喜びを共に喜ぶ。喜びの表現としてお金を渡す。これほどにシンプルなことがあるだろうか？　そこには、歌を聴く人がその場に居合わせ、歌を聴かせてもらったことへの謙虚な喜びの表現があり、また他人の生きる営みはいずれ巡り巡って自らのそれに辿り着くという交換の循環がある。徹底的な自発的交換の姿。その場にある事象に価値をつけるのは、聴く者本人なのだ。いくら渡すかは自分で決める。

演奏を開催するのに必要な経費は入場料とする。要するに見込み人数を想定し、全経費をその見込み人数で割る。そうすることで一回の公演に一人が払う金額が算出される。入場無料の場合は、パトロンがいるか、あるいは企業の支援があったということだ。

入場料は経費のため。演奏者への祝儀は、聴く者一人一人が渡す。渡す機会を舞台の上にするからこそ、一対一の関係が生まれる。実際にカバコの日本での公演の際、アフリカでの日常的なその流儀を知っている聴き手は率先して奏者に祝儀を渡していた。汗だくのカバコたちのおでこにお辞儀をしながらお札を貼る。東京での公演で最初に祝儀を渡したのは大使夫人たちだった。衒うことなく、当たり前のようにして舞台にゆったりと上がり、演奏者のおでこにお札を貼る。これは西アフリカでは伝統的な光景。

代々語り部として、あるいは歌い手として、その役割を世襲する人がいて、その人のことをグリオというが、カバコの場合、グリオであるカラモコが褒め歌を歌うところから始まる。それはグリオの役割。音世界が繰り広げられる前に、今日という日に演奏できる喜び、来場者への礼、また高い地位の人々を讃える語りを歌にする。西洋の音楽会などでプログラムの最初に記載される謝辞、とでもいおうか。アフリカでは、それは無文字社会ゆえに育まれた音の世界がはたす。演奏（歌う）する者と演奏（歌）を聴く者との間に、ひとつひとつ音（歌や演奏）をおいてゆく。当日来場した大使夫人たちは、こういった流儀を立場上の役割という認識で行っていたのかもしれない。会場にはこういった光景を初めて見たという人もいただろう。しかし考えてみれば、日本にもおひねりという風習があるように、お金そのものを直接渡す心意気は備わっている。

大使夫人に倣って、続々と観客が舞台に上がりだした。千円札をおでこに貼られた奏者は、感謝の表明として、より一層力強いリズムを刻み、叩き、空気を震わせる。これに反応する会場は沸きに沸き、すでに東京の一角での出来事ではないようだ。高揚感、相乗効果は、人と人との間に生まれるエネルギーのことなのだ。


音楽産業という分野に足を踏み入れたことのないわたしにとっては正直、音楽というものがどのように産業として成り立っているのか、いまだわからない。奏者は演奏する。演奏の対価として謝礼をもらう。その金で生活をする――という循環。八百屋が仕入れた野菜を客に売る、農家が作った作物を売る、という単純な計算しかわたしにはできない。演奏家もこの仕組みと変わらないと考えている。

路上で演奏し、道行く人々がお金を払うという演奏の形態がある。パリでの生活を始めた頃、セーヌ河に懸けられたシャンジュ橋の上で何度か路上演奏をしたことがあった。心底食べるのに困っていた。その日の糧を得るために演奏した。教会の前や観光ポイントのような一番人が通る場所の取り合いはあるが、所場代を誰かから求められたことはなかった。瞽女さんのように門付をする場合も所場代はいらない。演奏者自らが動き、移動し、立ち位置を決めれば、そこが演奏の場となる。演奏者が立ち去れば、それぞれの機能をもった場に返るだけ。

コンサートという形では、演奏場所に支払う経費がかかる（八百屋なら家賃、農家なら土地の維持費だろうか）。楽器のメンテナンス、リハーサルのスタジオ代、それに演奏する場所までの移動費。これらもろもろを経費としよう。経費も演奏料も入れて一回のコンサートの入場料とするならば、入場者数が多ければ多いに越したことはない。利潤が生まれるからだ。その利潤が奏者への謝礼に回るかはさておき。人数を集めようとしたら、すでにファンがいるか、あるいは知名度があるかにもよるが、宣伝が必要となる。人を集めるのは大変なことだ。お金を渡して頼んでも人は集まってくれない。だから、メディアの取材や広告による認知度アップといった方法で、人の興味を誘うことになる。広告費もまた、経費として入場料の中に入る。こういったもろもろのことを組織としておこない、利潤をあげることを音楽産業というのだろうか。もちろん興行だけが音楽産業のすべてではなく、音楽に付随する全てのことを統括しての産業であることはいうまでもない。

利潤をすべて演奏者の謝礼に回せればいい。しかし実際は、入場者が何人来るかもわからないし、しかも経費を含めての採算がとれるかどうかもわからない。そのツケを被るのは、いつも主催者だ。主催者の情熱がそのまま比例して採算とともに演奏者の謝礼に還元されればいいのだが……。もしかしたら、主催者の情熱と演奏者の奏でる音楽が同レベルであった時、人は入場料に加えておひねりを投げるのではないか。千秋楽の会場では全ての費用、利潤を明記した紙を配った。

入場者が多いことが利潤の増加という利点になる、と想定してみよう。その場合、何百人か以上で聴く音楽ということになるだろう。そうすると空間に音響を拡散することが必要。要するに音響機材が必要になるということだ。しかしそれは本当に必要だろうか。カバコの場合、どの会場でも彼らの音は拡がった。だだっ広い公園でも、円形野外ホールでも。多くの会場では、サウンドチェックの時点で楽器にマイクをあてがっていた。それは必要ないと最初から伝えていたにもかかわらず。最終的に四百人以上を前に、カバコは生音で演奏した。機材をあてがった人々は、もちろん手持ち無沙汰。時間給はもらうが仕事はない。仕方がない。それが可能であったのは、カバコが奏でる楽器、そして彼らの音楽に耳を傾けた聴衆のおかげ。

人間の耳という身体機能の面白さ。祭りのようにたくさんの音が耳の周辺で鳴る場合、カフェの一角で演奏するジャズマンの音楽を聴く場合、鳴る音に対してわたしたちはじっと耳を傾ける。音響の拡散は必要ない。これは、大きな会場で行われるコンサートの批判ではない。何万人といった規模の聴衆がいる場合、マイクでの音の拡散は必須。ただ楽器ひとつひとつにマイクをつける必要はない。わたしがバンフォラで録音したように、二本のマイクでカバコ全体の音を上から拾うだけでいい。マイクで音は拾える。それを拡大することもできる。それはしかし、耳で感知する生音とは違う。雰囲気を聴くのならいいだろう。異国情緒に溢れる楽器、衣装、リズム。しかし、音そのものはそういった色眼鏡で峻別することはできない。

人間は音に耳を傾けることができる、ということだ。言葉によるプロパガンダ、音によるプロパガンダ。聴こえる音とはこういうものだというプロパガンダに、耳自体が犯されていないだろうか。本来聴こえているはずの音を聴くのに、わたしたちはわたしたちが持っているからだの能力をもっと信じていいはずだ。興行的な、楽器そのものの音ではない音量に身を投ずることで生まれる興奮。それもそれでひとつの音楽の形だ。しかし、カバコがやっていることは、そこからはずれる。だから、カバコの音楽は商売にはならないし、する必要もない。

どうすればカバコの演奏をより多くの人に聴いてもらえるだろうか。興行的に成功するという発想は、およそ近代においての音楽の捉え方。かといって原始的な世界に理想を求めるのでもない。カバコのような音楽のあり方もある、というだけのこと。それに皆で耳を傾けてみよう。

楽器の音に直接触れられるような、数人で聴く音楽。こういった音楽と人間の関係の在り方を再認識すること——そういった考えをもって、「音楽のフェアトレード」という試みをしてみた。今一度、大橋力＝「芸能山城組」の山城祥二氏による文章を紹介しよう。

あたかも最先端の脳科学を応用したごとく、強烈な超高周波を含む音が快感とトランスを解放する鍵として活用され、個を超越したエコロジカルな社会システムを育て、その安定化と快適性向上に寄与してきた事実に驚かずにはいられない。その典型例は、バリ島の自立した村に必ず建立されているプラ・ダラム（死者の寺）のオダラン（二百十日を一巡とするバリ島固有の宗教暦ウク暦の一年ごとにめぐってくる寺の創立記念日）に執行される〈チャロナラン〉と呼ぶ劇的儀式に見られる。この儀式は古典劇として開始されるけれども途中から不特定の演技者および観客が次々に意識変容状態に入り、しばしば失神するほど強烈なトランスを集団的に発生しつつ混沌の裡に終わるという形式をもつ。それは「忘我」の中で神々、生態系、そして共同体が一体化して飛翔する高度に組織化された魂の遊行に他ならない。

（大橋力『音と文明』、岩波書店）

まさか一夜にして、カバコの演奏を聴いただけで、連綿とつづくバンフォラの人々のような関係性を、その場にいる人たちとつくれるわけではない。しかし、彼らの音楽を聴くために集まった力は、ゲマインシャフトでもゲゼルシャフトでもない共同体として、音の鳴る空間を共有することができた。共歓 conviviality。こうした場で、こうした瞬間に鳴る音を蕩尽することこそが、わたしたちの目の前にある今日の豊かさなのだ。

音の気配

二〇一三年、楽器ともども八人の楽士が成田空港に着く。目の前に現れた彼らの姿。喜びもつ

バラフォンの手入れ

かの間、間髪を入れずその夜演奏する会場へと車を走らせる。リーダーであるムッサは、仲間への抱擁の後、楽器のコンディションを確認する。すぐにチューニングが始まった。バンフォラからバスで一〇時間。首都ワガドゥグからイスタンブールまで飛行機で八時間。イスタンブールでのトランジットは六時間。イスタンブールから成田まで八時間。約二日間かけて辿りついたカバコたちは見るからに疲れていた。しかし、演奏はあと二時間後に迫っている。会場には人があふれていた。

翌日、一行は西に向かう。お日様が出てきた。休憩のため高速道路のサービスエリアに入る。ムッサは車から降りるとメンバーに指示を出す。バス、飛行機に何時間も乗ってきた楽器を、日本のお天道様にさらすのだという。コンクリートの上にバラフォンが、ジャンベが、すべての楽

カバコと佐渡・春日鬼組（国立民族学博物館）

器が並ぶ。一見楽器の路上販売でも始めた様。カバコたちが各自の楽器に触れ、山羊の皮と胴体の紐を解き、また締め、そして叩き出す。道行く人々が足をとめる。静岡のサービスエリアに突如現れた黒人にか、楽器の音色にか、ともかくみな一様に驚き顔。それを横目に、ムッサは真剣にバラフォンの木片ひとつひとつを点検している。なんだか赤ん坊のおしめを換えているようにも見える。楽器とは、そうやって人の手によってつくられ、触れられ、奏でられるもので、これは原始から変わらぬこと。

国立民族学博物館、舞台下手。いよいよ共演が始まるという直前、カバコと春日鬼組が円になって手をつないだ。彼らは自分たちの土地との密接な繋がりの中で、彼らの芸能をしている。グリオのカラモコが、それぞれの土地の神さんに呼びかけはじめた。別々の音の神さんが降りてきたのをわたしは見届けた。迷信と思うだろうか？

小さな世界で生きる。人間が生きる範囲として、大きな世界は必要ない。人間はそもそも大きな世界で生きられるわけはないのだから。だから、あちらの音の神さんと、こちらの音の神さんが、偶然に一緒に鳴った――それだけのこと。そこに、融合やら文化交流やら、国際交流を見るのは建前。彼らの共演は瞬間のできごとであり、しかしその瞬間は確実に音楽という媒体を通してわたしたちの瞬間になった。

道中、何回彼らの洗濯をしたことか。毎日毎回汗だく。彼らの持ってきた服は最低限の数。広島での演奏準備の際、前日に乾かなかった服や下着を公園の樹々に吊るす。原始的に乾かすという状況。ここは日本なのだろうか？　あんなに晴れていた西の空は、カバコたちが音を奏で始めると同時に一変し、雨が降り出した。どうやら宮島から水の神様、龍神さんを呼んでしまったようだ。大急ぎで、楽器が濡れないよう公園にいる人たちに手伝ってもらい、楽器を運ぶ。カバコを気遣う人、帰る人、みなが雨の様子を見ている。当然、洗濯物は雨にさらされている。

途中、オフ日に立ち寄った三重県。晴天に感謝。毎日の移動のためケースの中にいる時間の方が長い楽器は、ここでも太陽の日差しを待っていた。三重の田舎のお日様で、バラフォン、ジャンベの皮を乾かす。降り注ぐ太陽の力によって再生した楽器たちの明日鳴り響く音は、「ここ」

でなければ聴けない。これが現代の世界においての原始的な姿。

こうやって、楽器がお日様の日差しを浴びている間、音が実際に鳴っていないにもかかわらず、音が現れる前の音の気配に一種の目眩を覚える。やがて現れる一音によって、全ての存在を確認できるような安堵、そして希望。音が提示する希望に震撼するのだ。冗談でなく、本当に。

だれが世界を翻訳するのか

だれが世界を翻訳するのか——なるほどこのときの「だれ」は、もはやアカデミアの特権的な翻訳者へとさしむけられることなく、これまでの研究対象とされてきたひとびとの再主体化へと係留されるかのようである。(真島一郎『だれが世界を翻訳するのか』、人文書院)

ムッサの講演後、カバコのCDを手に入れた方から「歌詞カードはないのか?」という質問を受けた。カバコの中でグリオの歌い手、カラモコが歌いあげる内容は何なのか、と。録音し、それを商品としてのCDにするのに、歌の翻訳をせずに作るのは、制作者の自己満足だという。翻訳とは他者の言語を、同じく他者が、読み手にとっての共通語へ訳すこと。歌い手のカラモコにその意味を訊いても、彼が見た情景、彼がした経験を消化して初めて理解することができる。何百年と歌い継がれてきたその内容は、歌詞カードではなく、それだけで一冊の本にできるだろう。

わたしはいまだにムッサの言っていること、カバコの言っていることの全てを理解してはいないと思う。ただ、音楽を一緒に奏でる時、彼らとわたしとの間で垣根のようになっている、その理解できない部分がなくなるのだ。それはたった数分のできごとだとしても、その瞬間を生きるわたしの心を包んでくれる。

商品により多くの価値をつけるために歌詞カードをつけるのは、言ってみれば彼らの口承してきた歌物語の時間を端折ることになるだろう。だから、目の前に演奏者や歌い手がいるならば、彼らに尋ねればいい。言葉でなくともいい。身振り手振りで。そうすれば、彼らはきっと音楽で応えてくれるだろう。演奏後の舞台袖で楽器を片付けながら、彼らはあなたひとりのために再び奏で、歌ってくれるかもしれない。その時、目の前で歌う人の音楽や歌に託された言葉を理解するのは、あなたひとりなのだ。音があなたの心に響き、目の前にいる彼とあなたとの一対一の関係は、きっと歌の内容を超えるものを生むだろう。

だれもが共通のリテラシーを得ているとはいえない条件のもとで、歌い手本人を目の前にしたその時、一対一の関係の中で理解がはじまる。わたしたちが翻訳を託す世界はだれによって翻訳されるのだろう。だれが世界を翻訳するのか——個人と個人が目の前で向き合い、対話することがその始まりであると気づく。

一対一

　毎回演奏者が空港に着く瞬間、あるいはわたし自身が演奏のためにどこかへ行くたび、目の前にだれかがいることが、当たり前のことではなく、この瞬間のことなのだとつくづく思う。ツアーというのは、なにも音楽を奏でることだけで成り立つわけではない。

　二〇一一年、あの年初めて来日したムッサは、ともかく日本の電気の量に驚いた。連日の演奏でみんな疲れている移動車の中で、ムッサはこう言った。「アフリカには原発が必要だ、それが豊かさだろう」。耳を疑った。本気でこの男はそう考えているのか？　これが、比較の中で生まれる、豊かさというものに対する勘違いだ。その年の九月、南相馬と飯舘村の人々が避難する飯野町で演奏をした。そこで見た、生きる営みに対する否定的な現実。それと感情が完全に重なった。わたしはムッサの考えをなじるように彼の意見に怒りをぶつけた。それは原発の有無以前に、必要以上に電気のある生活が豊かだという、経済社会の唱えるプロパガンダに対する怒りだった。やがてツアーの雲行きがあやしくなってきた。ツアー中の仲違いだ。重い空気が残りのツアーの間、ずっと漂う。しかし、最後まで演奏はつづけなければならない。

　ただでさえ毎日の演奏と移動に疲労困憊していた。そこに彼らに必要な、瞬時瞬時におとずれる通訳という役割が加わる。二十四時間とはいわなくとも、言葉の通じぬ国での滞在で、意思疎通や街での出会いに必要なわかりたいという彼らの欲求は絶え間ない。ひとりの人間とひとりの人間という最小の関係の中でさえ、理解することは本当に難しい。しかしこの関係からわたしたちは逃れられない。宿命とでも言おうか。だから、とことん話し、経験を共にする。そこでは差異の認識しか許されない。ヒエラルキーという考えのもとでの差異は通用しない。

事の発端はどこまでさかのぼるのか。問題は、歴史にあるのか、それとも進歩という誘惑に翻弄される人類にあるのか。今目の前で顔をつき合わせているわたしたちとは何者なのか。こういった問いかけなくして、真の人類の進歩はない。だから、わたしたちは考えることをやめてはいけない。

二年後、再びムッサが来日した。名目は「政府主催のアフリカ開発会議関連」での演奏。国際的な文化交流とは名ばかりで、演奏にかかる経費は、アフリカの美術と文化を愛し、それらを日本に紹介している「東京かんかん」の小川弘氏の提供によるものだ。

海外から日本に来る人たちにとっての最大の楽しみのひとつは家電量販店の訪問。ムッサが店に行って最初に探したものは、なんとソーラーパネルだった。バンフォラへ持って行くのだという。販売担当者は、どうしたものかとしどろもどろ。ネットで現地の電気圧やらワット数を調べ、取り付け方法から使用方法などを探った。価格も払えなくはない額だ。しかし、大きさが問題だった。ただでさえバラフォンを飛行機で運ぶのに、航空会社とのやり取りが面倒なのに、選んだソーラーパネルはゆうにバラフォンのサイズを超える。諸々の問題を目の前に、今回彼は購入を諦めた。ソーラーパネルを買うことが目下のエネルギー問題の解決にならないことは分かっている。問題の根はもっと深いところにある。しかし彼の真剣そのものの姿に、わたしは涙ぐんだ。理想を実行に移すこのような姿が、ブルキナファソの人々の指針となったサンカラのそれから来ていることは明白だ。

二〇一三年、アフリカ開発会議での演奏（TICAD V）

ひとりの人間の考えは行動することで真の思考となる。行動がなければ、それはいつまで経っても机上の論理。わたしはそういう論理だけの世界の中で、居心地が悪い。目の前にあることから、自分自身で実行（＝翻訳）していこうと思った。やがてからだを張った言葉の翻訳（＝実行）は小さな出来事となるだろう。

ムッサやカバコをはじめ、今まで一緒に演奏したことのあるアフリカのミュージシャンは、フランス語圏の人々が大半。道端でたまたま出会った、というわけではなく、個人の企画であれ何であれ、フランスにおける文化活動のシステムの中で出会った人たちだ。フランコフォニー（フランス語の話者の人々で構成される言語共同体）には、もちろんその背景に植民地時代の名残がある。だから、自問するのだ。わたしはフランス語を介して彼らの文化に触れているのではないか、と。しかしわたしはフランス人ではない。ツアー中の意見の食い違いとは別の次元で、車中に起こった怪しい空気感。それは演奏することで消化できたが、しかし、そもそもムッサの心の底には植民地主義に走ったフランスという国への懐疑があり、その懐疑は世代を越えても消えなかった。その心情を知ったフランス人ミュージシャンの、そのまた心の内をわたしたちは想像できるだろうか？　歩み寄りとは、対話とは、結局は偽善的な範囲のことなのか。大きな世界で起こっていることに目を向けるならば、目の前にいる者との対話なしには歩み寄りはありえない。それにしても、対話という言葉のなんと薄っぺらなことか。

フランス語の話の続きで、フランスでの演奏形態の話もしよう。個人からの演奏依頼の場合、人との関係性の上で成り立つ場合が多い。だから依頼者の要望は明白で、演奏者はそれに応えるだけだ。公的事業の場合、そのほとんどは文化助成による。もちろん音楽産業という名のもとにパッケージされた音楽が助成の範囲に入ることもある。

椙山女学園初等部（名古屋）の子どもたちと

助成システムの利点は、創造的時間＝レジデンスを与えられること。人との関係性とは別に、クリエイトする時間を、助成金＝税金、あるいはメセナからの支援という形で与えられる。アーティストがマネージメントを担う機関に所属している場合はのぞくが、公的事業の範囲で創造《クリエイト》するケースは、事業とアーティストの距離を縮める効果を持っている。企画はアーティスト側の提案。もちろんそこにはコネや受諾されやすい企画の優先といった側面もあるが、創造《クリエイト》を含めての文化事業の意味は、時勢、地域性を考慮するところにある。その実現にむけて、各機関で働く者がそれぞれの役割を担う。

制作過程に教育機関やＮＰＯ団体などの地域支援が入るのは、単に子どもたちが文化に触れる機会を作るためというだけではない。薄っぺらい事象にもなりうる文化を、各人がその役割の上で機能を果たすという実証でもあり、また個人の意識が社会を形成するという理想に対するリスペクトの表れでもある。機能体組織としての文化事業のあり方を、フランスという国は体現している。これは社会の中に共同体の確立を目指すもの。ローカルな場面で起こるこういったことは、個人の意識・行動に辿り着く。参加型による文化事業の計画準備の煩わしさなど感じている場合ではない緊急性が、今のフランスにはある。

こうやって生まれるさまざまなものごととの関係は、すぐには大きな力にならないかもしれない。しかし、関係性から生まれるであろう思考は、実行につながる。その実行を今日目の前にいる人と共有できればいいのだ。

ルネ・ヴォティエ René Vautier というフランス人ドキュメンタリー映画監督がいた。彼は反植民地主義の立場から植民地アフリカの姿を撮影してきた。四〇年間上映禁止であった映画「Afrique 50 50年代のアフリカ」の中で彼はいう。

> 僕がこういった映画をつくったところで、世界も国も人類も何もかわらない。しかし、少なくとも僕個人はここにいるアフリカの人々の仲間になり、友情を交わすことができたんだ。

わたしたちの今は、個人の意識と判断、行動に託されている。

春—清明—

個の中の多様性

レバノン

青嵐と疾風に乗りしアザーンかな

Dans le vent printanier
Vif et rapide
L'appel à la prière

四月の子どもたちはオレンジの樹の下で行儀良く音楽を聴いている。ヒジャブ（イスラム教徒の女性が被るスカーフ）を被った少女とTシャツを着た男の子が手をつないでいる。この地に生活する人々は、ここに根付いた言語と、土地を離れたがゆえに身に付いた言語、そしてアッラーの言葉を聞きながら、宗教という名の下で多様にたゆたっている。今までも、そしてこれからも、となるだろうか。

だれがレバノン南部で演奏するというのだ？

「ベイルートは美しい」——ドイツ人映画監督フォルカー・シュレンドルフ Volker Schlöndorff（一貫して反戦の立場で映画を作る。カンヌ映画祭やアカデミー賞などで数多く受賞。代表作に「ブリキの太鼓」）の作品「偽造者 Die Fälschung」の中でのセリフだ。一九八〇年に撮影されたこの映画は、内戦中のレバノンを舞台にしたもので、実際にベイルートの街で撮影された。街はとことん爆撃を受け、コロニアル風の街並はことごとく破壊され、残っているのはその痕跡だけ。僅か一〇四五二平方キロメートルの国土しかもたないレバノン。地中海沿岸の東にそびえる丘から海岸にせまる街並を眺めれば、それは美しいランドスケープだ。今もって古代ローマ時代の遺跡がベイルート中心部でごろごろと見つかるものだから、金にものを言わせて建物を建てるしかない。工事現場の柵の中を覗けば、昔日の公衆浴場がしっかりと見える。古人がこの浴場から眺めたであろう地中海と空の無辺の広がりに思いを馳せる。

トルコからシリア、そしてエジプトへと至るこの沿岸地域の分断については、いうまでもなく西欧の影響と介入の歴史ぬきには語れない。それ以後、今に引き続く歴史を生きる人々は、名字で宗教、宗派がわかってしまうほどの生の条件下にあって、この小さな国で共存している。

二〇一六年、レバノンの春はすでに初夏の様相。薄紫の四月は桐の花が咲き立っている。満月が地中海に浮かぶ今宵ベイルートでの演奏を終え、次に向かうは南部のナバティーエ。レバノンに住む友人たちの要望と協力で演奏ツアーとなった。すでにこの地に来たことがあるといっても、お国事情を知らぬがゆえの呑気さとでもいおうか、わたしたちがこれから演奏する場所はどうやらヒズボラ（一九八二年に結成されたレバノン・シーア派のイスラム主義の政治組織、武装組織）の拠点だという。名前は耳にしたことがあるものの、それ自体の存在を実際には知らない。ベイルートの中心街ハムラで昼夜営業しているレバノンっ子の常食サンドイッチ、シャワマ屋のテレビには、彼らの啓蒙用チャンネルの映像がずっと流れている。打倒イスラエル？　戦う相手はだれ？　どこから彼らの使う兵器が供給されているのか？　第一、それらを買う金、テレビのチャンネルを買収する金の出所は？

紀元前五世紀から続く古都サイダを通り、南部に入るやいなや、連なる旗、旗、旗。アラビア

ナバティーエ

語で書かれた言葉の意味はなんだろう。車の中でカメラを握っていたわたしに、運転する友人はいう、「絶対に写真を撮らないように」。道を間違えれば目の前はイスラエルまでわずか二キロメートルの場所。UNのトラックが並んでいる。ここからは立ち入り禁止だ。Uターンして山を越え、小さい村々を越える。人が住んでいるようには見えぬ豪奢な別荘は、ヒズボラの潤沢な資金のあらわれか。

この街で演奏するということ

「ナバティーエで演奏? ヒズボラに会いに行くの?」とベイルートの友人たちは、皮肉をこめて笑いながら言った。イスラエルとの国境に近い南部の街は、シーア派の人々が生活する地域だ。街の名前はナバティーエ。ベイルート同様、桐の花が咲き、ジャスミンが芳香を放つこの街は、アッラー Allāh に身を捧げた者たちの写真で埋め尽くされている。

演奏場所となったのはフランス学院という名のアンスティチュ・フランセ／ナバティーエ Institut Français de Nabatieh。第一次大戦後この地ではフランスによる統治がはじまり、フランス語を普及させる作戦がしたたかに行われた。その結果、フランス語を話すことは、この国では上層階級の象徴となった。ここで音楽を奏でる者はわたしたちで二人目だそう。原理主義に近いヒズボラの組織があるこの街に、音楽と名のつくものはない。日本人でこの地に来たのは、映画監督の足立正生氏か、各NGO団体ぐらいだろうか。

アンスティチュ・フランセ／ナバティーエの建物の裏にある庭が、今回の演奏会場。音楽を奏でるのはどんな場所でも可能である、という信念をもつわたしたちの意思は、迎え入れるこの学院スタッフに伝わったようだ。ここはヒズボラの監視下にはないからだろうか、コンサートの開催を聞きつけた人々が集まりはじめる。赤ちゃん、子ども、数珠を握る高齢の男性、女性。まだ明るい夜の一九時。鳥がささやきを交わす中で音楽が鳴りはじめる。なんというタイミングだろう、夜を告げる今日五度目のアザーン（イスラム教における礼拝（サラート）への呼び掛け。モスクのミナレット尖塔から肉声が発せられる）が演奏後に響き渡る。これがこの土地で演奏するということなのだ。奏でる者も聴く者も、この空間の中にいる。

楽器を片付ける奏者の回りに人々が大勢集まってきた。人々は、歌に、ウードの音に飢えていたのだと実感。フランス語を話すことが、この地に生きる人たちと接するために有効な手段となった。ヒズボラの勢力がまだ及ばなかった六〇年代、詩人や芸術家たちは夜な夜な丘の上のカフエレストランに集まり、朗読会や討論をしたという。演奏後の食事で訪れたこの店では、今は一滴のアルコールも詩もなく、ただただテレビから金融ニュースが流れ、男たちが吸うナギレの煙がたゆたう。

グッドバイ・シュレンドルフ

パリ一八区レオン通り。少し前までは、道端で覚せい剤を売る男たちと、ビニール袋にいれた生姜ジュースを子どもたちに売る西アフリカの母さんたちがこの通りにいた。通りの北側から南に向かう突き当たりは、パリ一のマグレブ(アラビア語で「日が没すること、没するところ」を原義とする語。「西方」の意味を持ち、北アフリカイスラム圏の地域名)街、グットドール通りとバルベス界隈である。

レバノン人ミュージシャン、ワエル・クデ Wael Koudaih とシリア人フルート奏者ナイサム・ジャラル Naïssam Jalal によるプロジェクトを、一八区はモンマルトルの東、このレオン通り中腹にあるイスラム文化学院 Institut des Cultures d'Islam で聴いたのが二〇一二年。パリ市の施設であるイスラム文化学院が、なぜこの地区に建てられたのか。本来こういった施設は、理解の輪をひろげるためにむしろパリの街中につくるべきではないのか。しかし、現実にはこういった発想はまったくなかったようだ。世に蔓延する、あるいは作られたイスラム教のイメージ。イスラムの世界は、「パリ」を求める観光客には必要ないのだ。現に人びとがそこで生きる姿ではなく、過去の栄光から続く美しいパリを提示しなければいけないというジレンマ。だから、北駅以北のこの地区に、イスラム圏の人々を封じ込めるような形になったのだろう。しかし、そういった区域に分けることで生まれる全体の調和という一面もある。「融合」という名で偽善的理解の振りをすることがすべてではない。この地域に文化施設をつくること自体偽善ではあるが、こうなるともう堂々巡り。原罪を背負った人間そのものの存在に疑問を投げかけねばならなくなるだろう。

ワエルとナイサムのプロジェクトでは、ワエルのパフォーマンスが光った。前述したシュレンドルフ監督の映画「偽造者」のメイキングオブ映像が上映され、そこに音の世界が重なる。ワエルはある日、母親の車の中でカセットテープを見つける。そこから聞こえてきたのは祖母の声。内戦当時、レバノンに生きる人々は、電話や書簡、ありとあらゆる伝達方法が不可能な状態にあった。多くの人がカセットテープに肉声を録音し、旅立つ者にそれを託したという。八〇年代の映像に現在《いま》生まれるフルートの音《ね》が重なる。映画の中で主人公が愛する者に向けて綴った手紙をワエルが読み、ナイサムがそれを破る。破る音を実況録音し、彼がパソコン上で操作、加工

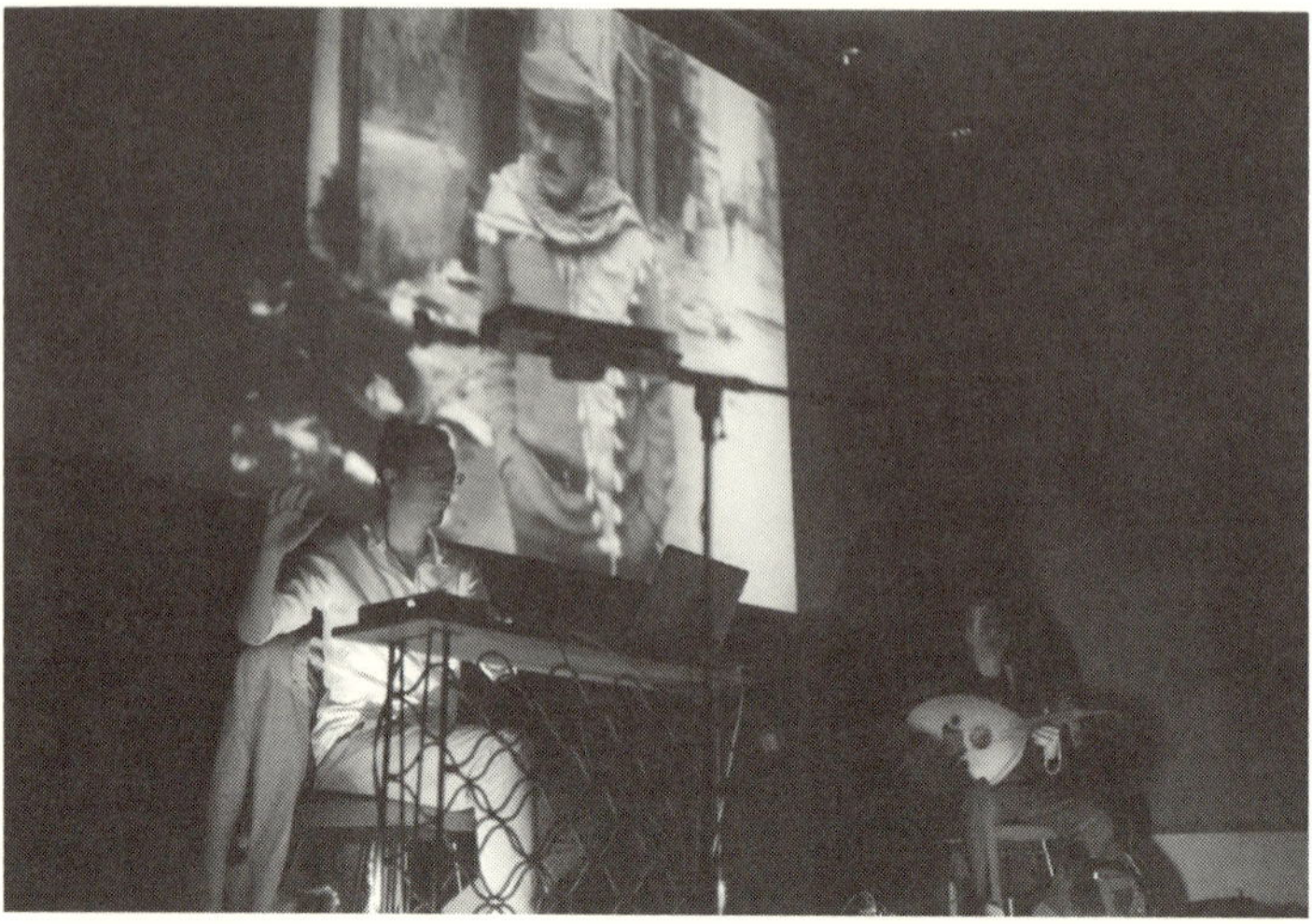

「グッドバイ・シュレンドルフ」（二〇一五年、山形国際ドキュメンタリー映画祭）

する。ワエルはレバノン中を回って当時のカセットテープを探したという。遠くで鳴り響く爆撃音。子どもの声。雷。ラジオのCM。それはバルベス界隈にある商店の宣伝で、内戦から逃れられない人々にフランスに向けて発つ夢を促す内容だ。もちろんフランス語でのCM。会場のパリジャンから悲しい笑いがもれる。音がレバノンの内戦を呼び起こす。このパフォーマンスは、「グッドバイ・シュレンドルフ」という。マルチメディア・オーディオパフォーマンスと呼べるだろうか。分野や名称はどうでもいい。過去の音、できごとが目の前に現れる。ワエルはこのパフォーマンスと共に行われた講演会でこう語った。「数百メートル先では本当の戦闘が行われている最中の撮影で、当地のレバノン人が見れば映像の虚構が皮肉としか見えないのです」。

シュレンドルフが名付けたこの映画の題名である「偽造者」とは、
・映画の中の主人公：ベイルートを取材するドイツ人ジャーナリスト。
・虚構の映画（しかし撮影場所は現実の戦渦の中のベイルート）を創る映画監督。
・当事者ではない、観る者＝わたしたち。

こういったパフォーマンス・プロジェクト以前、ワエルは、ライエス・ベック Rayess Bek という芸名で、アラビア語圏で初めてアラビア語でラップ、Hip Hop を行い、レバノンで一躍有名になった。ワエルはアクサ Aks'ser というバンドを率いるあの Rayess Bek なのだ。彼は、近隣のパレスチナ、シリアでも、若年層にとっての音楽的パイオニアとなった。

ワエルは幼少の頃、内戦から逃れるため家族でパリ郊外へ亡命。内戦終結後にベイルートに戻った彼の創造的世界は、どこの者でもないという自己喪失から一気に音楽の世界へとのめり込んでいく。アラブ世界とヨーロッパを語るのに宗教を持ち出す世界の輩に喝を。ヨーロッパ資本主義に翻弄される世界に喝を。アラビア語の音の世界、言霊を、チュニジアで、モロッコで、何万人の観客と共につくりあげた。うねる観衆がワエルと共にある国に送るメッセージは、音を携えたエネルギーそのもの。音に同期する人間のうねりは、その後にどんな結果が待っていようが、今立ち上がるしかないという緊迫した現実を表している。立ち上がる彼らを、テレビの画面、パソコンの画面で観る者と、画面の向こう側の世界で動く者。レバノンという多宗派国家に生きる人々が作りだす創造の世界。グループを率い、ラッパー Rayess Bek としてではなく、一個人ワエル・

クデとして、彼が新しいプロジェクトをはじめたのが、この「グッドバイ・シュレンドルフ」という作品なのだ。

X-box（マイクロソフト社による家庭用ゲーム機）に自分の動きを読み取らせ、音を操作する。それは足立智美さん（音楽家。自作楽器奏者。ヴォイスパフォーマー。音の視覚性を軸にした表現活動をしている）の方法を連想させる。ありがちなラッパーの動作《ジェスチャー》を一気に越えて、映像と音、動きが、舞台上から絶望的現実を静かにわたしたちに突きつけてくる。音は彼の動作により可視化され、観る者、聴く者は、パフォーマンスの核の部分にいきなり触れることに。

錯綜したシリアの現実を背負おうとしつつも、背負いきれぬ現実。フルート奏者ナイサムは、ドイツからの公演後パリに寄り、明日レバノンへ発つという。彼女にとってシリアは、もう帰れる場所ではないのか。アレッポに住む彼女の家族の話をした後、しばしの抱擁。彼女、彼らは、国や文化と呼ばれる得体の知れない何かを背負いながら音を放ち、演奏を続けるしかない。演奏を続けることが演奏者の衝動であり、願いでもあるからだ。絶望と隣り合わせに生きている人々、そしてわたしたちの音楽を聞いてくれる人々を前に奏でることしかわたしたちにはない。

ひよこ豆のペースト

ムスリムの人々は金曜に、クリスチャンの人々は日曜に、それぞれ家族が集まり、食卓を囲む。この地に住む人々それぞれの母さんが作るフムス（ひよこ豆とゴマソースのペースト）は、アレッポ風だったり、アルメニア風だったり。そこにこの地の辿った歴史がうかがえる。トルコ風はややレモンを多めに、シリア風はクミンを効かせて。それぞれの家族にとって、やはり我が家のフムスが一番だ。ベーシストのジョン・イマッド・ナセール John Imad Nasr にとっても、ベイルート山間部に住む母さんが作ってくれるひよこ豆のペーストが一番だ。彼の家族はやはり内戦中にアメリカへ亡命した。ジョンは、ファレケルアトラッシュ FareeQ El Atrash（エジプト人ウード奏者の名前の言葉遊び）というバンドを率いている。大きなフェスから一〇〇人単位のクラブでの演奏まで、エジプトやチュニジアでの演奏旅行に誘ってくれた。

レストランのフムスは上品な仕上がり

バンドのメンバーは、コートジボワールを母国とするラッパーのエド・アバー Edd Abbas、シーヨ Chyno、ドラムのファアッド Fouad、ベラルーシ出身のヒューマンビートボックス（声や擬音、息を使い、サンプラー音やビート音を模す音楽出力方法）の **FZ**。そしてウードやサックスが加わる。

演奏旅行をすると、共演者の食べっぷりのよさを垣間みることがよくある。大変な食いしん坊であるジョンの好物は、なんといってもこのフムス。

ベイルートに生まれ、パレスチナという国のパスポートを持たぬアムロは、ワエルに憧れミュージシャンになったパレスチナ移民二世。ようやくイランの難民ヴィザを得て、パリに辿り着く。一五歳離れた彼の兄さんはベイルートに留まり、ジャーナリストとして生きている。彼らの母さんがつくるフムスのレシピを、この兄弟から教わったので紹介しよう。

ひよこ豆を一晩、塩を入れた水に浸け、翌日洗い、やわらかくなるまで茹でる。水を切り、練り胡麻（日本のものよりも練りがゆるいタヒニ Tahini）、塩、すったニンニク、レモン汁を加え、ミキサーで混ぜる。もちろんオリーブオイルを忘れずに。分量は料理をした者であれば目分量で想像がつくはず。皿に盛りつける際は、真ん中をへこますようにスプーンで整え、オリーブオイルをたっぷりかけ、クミンパウダーを振りかける。あるいは、ミキサーにかけない茹でたひよこ豆を飾りに添える。それをパンにつけて食べる幸せ。

わたしは時々フランスで、日本の家庭料理を教えている。パリでの授業、ほうれん草の胡麻和

ナバティーエでの演奏

えを教えた時のこと。炒り胡麻に加え、胡麻ペーストを使う際にタヒニ Tahini というペーストがあることを紹介した。パリではマグレブ食品店や、カシュルート（ユダヤ教における食物の清浄規定に適合した、食べてよい食物）を売る店で買うことができる。日本のそれを異国の地で買い求めるもよし、この地にあるものに出会うのも面白い。食の共通項。

　すると、生徒のひとりがこう言った。

「ああ、イスラエルの食材ね」

　言葉がつまった。確かにそうだ。しかしイスラエルだけのものではない。この地域にあるものは、多様だ。特定の民族だけのものではない。オリーブを頬張る姿。地中海の海辺で泳いだ後、母さんが用意する山羊のチーズと西瓜のサラダを食べる姿。ぶどうの葉で米を包むドルマ、揚げもの、パンの種類、等々。当の本人はイスラエル＝ユダヤという図式で発した言葉ではなかったのかもしれない。しかし、地域という括りで語るべきはずのものが、ある特定の国の食べ物になってしまう。そうした狭義の世界で語ることに慣れてしまってはならない。

「この世にはなにもない」と言いきった福岡正信（自然農法の提唱者）の言葉をかりれば、実践こそが残されたすべて。数百におよぶ種をひとつの団子とする粘度団子の中にある多様性という名の共生を、地中海沿岸から内地にかけて生きるこの地域の人々は知っている。

> 反人種主義闘争はつねに本質的である。これが、「我々の地」で作られ、我々が〝万人〟に有効であると考える価値、人種や肌の色には無関係で、我々がそこに、そう、全人類を合理的に改宗させようとする価値の擁護を前にして、断念するための口実に使われてはならない。（コルネリュウス・カストリアディス『細分化された世界』宇京頼三訳、法政大学出版局）

「多様性」とやらを謳うのであれば、わたしたち個が多様になれる可能性を見いだすことに焦点をあててみてはどうだろうか。知るもよし、知らぬもよし。知ることを押し付けるのではなく、しかしまた知ることが可能である、知る機会を否定しない世界の在り方。

一体となるのではない仕方で共存への実践にむかう時期であることは明白だ。なぜなら、わたしとあなたは違うのだから。

夏―夏至―

土地と農に生きる人々

日本：磯部

早乙女の笠に隠れる紅の口

Planteuse de riz
Au chapeau de jonc tressé
Bouche rouge cachée

新暦六月二四日。戦後生まれの少女は白いブラウスをまとい祭りへと向かう。盆と正月、そして御神田《おみた》。やくびとになるのは年の巡り合わせ。装束に身を包む同級生たちを横目に、青田風の間をぬって歩く先にはハレの一日が待っている。

ここは三重県志摩市磯部町。伊勢神宮内宮の別宮伊雑宮《いざわのみや》に、朝早くからその年の奉仕をする村の人々が集まってくる。今年の輪番は恵利原。九つの集落の子どもたちが通う磯部の小中学校は、御神田の日は昼から休み。出店《でみせ》に向かう子らは手に小銭を握り、大人は振る舞い酒に応じる。日本の各地に残る祭りは、その地に生きる人々を支え、移動させ、そして定住するための祈りの行事となってきた。稲作が始まってから、かれこれ何千年。土の上に生きるわたしたちの足、その足が感じる土の上で実る稲穂。磯部で生活する人々は、この稲穂を鶴が落した贈物という神話にした。人間と物質、土地の周縁にいるものみなとの関係。ここではこちらとあちらという二元性はないようだ。わたしたちがこの地に生きているのではなく、わたしたちはこの地に生かしてもらっているのだ。神話は日々の語りごととなり、毎日を田で過ごす人々の気持ちの支えとなり、お天道様との約束ごとは無意識の価値観を育む。

伯父が撮った写真の、再従姉妹のまどかちゃんは早乙女の姿。朱の襦袢に白装束。白粉に紅。ひたい右に藤の花。菅笠を顎でくくり、早乙女六人の中の一人になれば、乙女は立派なおんなの姿だ。四歳年上の従兄弟の順二君は杁《えぶり》。村から都市へと生活の場を移す人々が多い今日の村々では、巡り訪れる年ごとの奉仕に必要な適齢の人間を見つけるのは難しい。だから、大鼓《おど》を十代の頃に担った後も、歳には関係なく、再びやくびととして御神田《おみた》に参加する。

この地に生きる者ゆえに参加できる儀式、それは言い換えてみれば、この地に生きる覚悟であり、生活の中にある当たり前の出来事でもある。祖母の家で耳にした「御田植」とも「御神田」とも書く「おみた」の近くて遠い響き。御神田とは、民俗芸能であり、農耕儀礼を起源に持つ田楽のことだ。

やくびとたちの準備光景

平安中期の田楽の記録を見れば、『今昔』の教円の説話をはじめ、田楽の中に鍬《すき》などの農具を振る仕草があることがうかがえる。とりわけ古来より『栄華物語』御裳着《おんもぎ》の巻に記される、治安元年（一〇二一）藤原道長が催した清和院御厩《おうまや》の田植興が注目されている。それによると、きれいに化粧をし、白い笠をつけた五、六十人の早乙女《さおとめ》と、田あるじという破れた大傘をさして足駄《あしだ》をはいた翁がハフ丹《に》という赤土を顔に塗っ

御田植の神事をする後方に奏楽が鳴る

て鬘《かずら》をつけ、笠をつけて足駄をはいたあやしき（賤しき）女どもを従え、行列をつくって田植えをおこなった。（西岡芳文「田楽」、網野善彦編『中世を考える――職人と芸能』所収、吉川弘文館）

幼少の頃、厳かに感じた「おみた」という音の響き。言葉から想像される厳かな空気感に、遠くでお神酒を配る旦那の声や、笛や鼓の音、田植えの謡の声や風の音が重なる。観る人がいなくとも、きっとこの土地の人々は、目には見えぬものとの約束ごととして、こういった行事をたとえ戦時中でも絶やさずに行ってきたのだろう。稲作起源伝説伝承の地という大袈裟な名前とは別に、人々の生活に根を張った土地との関係。祖母に、あるいは村の人々に、御神田とは何かと尋ねれば、決して明解な答えをするわけでないが、その佇まいの中からは土地と彼らの呼吸の音が聴こえてくる。

磯部の御神田を行う人々は、五知、上之郷、山田、沓掛、下之郷、穴川、迫間、築地、恵利原の九つの集落に住む。九つといっても五知と上之郷、山田と沓掛はひとくくり。両者が合同で行うため、七年周期、あるいは地区によっては一四年周期でやくびとを集め奉仕する。当番の年となる村では、年頃の子ども、各役にあう年齢の青年、世話人を決めることから祭りがはじまる。六月に入ると毎日の稽古と集会。やくびとに選ばれた子どもたちにとっては、非日常の日々がはじまる。学校を早退し、集会所で練習を繰り返す日々。子どもがやくびとになったら、その家族はさまざまな用意や準備をする。要するにお金がかかるということだ。集落では互いの役割を担い、やくびとたちを支え、送りだす。

やくびとたちの年齢と役はこうだ。

・太鼓打ち：一人。女装した男児が田舟に乗って太鼓を演奏する。八歳前後。
・簓《ささら》（簓摺り）：二人。簓という楽器を演奏する。刺鳥差《さいとりさし》の舞も担当する。一一－一二歳。
・早乙女：六人。御神田の花形。やくびとの中で唯一の女性。一三－一四歳。
・大鼓《おど》：太鼓とも表記する。一人。要所での掛け声の後、鼓を打つ。青年層。

・小鼓《こど》：一人。大鼓と交互に鼓を打つ。一四歳。
・謡《うたい》：六人。田植え歌と踊込み歌を担当。高校生。
・笛：二人。田楽の曲を担当する。青年層。
・立人《たちど》・田道人：六人。早乙女とともに田植えを行う。青年層。
・柄振《えぶり》（柄振指し）：二人。竹取り神事の後の田をならしたり、踊込みの先導を務める。壮年層。
・警護：一人。長い歴史の中で本来の名前は不明となり、役割から「警護」と呼ばれる。壮年層。

御神田の前日。やくびとたちは海に出《い》で、この土地と海へ祈る。これは、本祭に使う道具などを潮で清める潮掛潔斎《しおかきけっさい》という神事であり予祝。御神田を無事に終えれば、再び報告のためこの海辺へやってくるのだろうか。人々は本祭の前後の時間軸にものごとの道理を見いだしている。

祭りの二日前には大訓式《おおならしじき》が行われる。これは現代風にいえばゲネプロ。本番どおりの通し稽古だ。舞や田楽、進行を指導する師匠たちの高齢化によって、今後の継続が心配されるところだが、今年も毎日の稽古や段取り準備を万全に整えた。

御神田当日、朝五時半。やくびとと彼らの世話人は、楽屋となる公民館に集まる。母であるおんなたちが子どものやくびとに着物を着せ、うなじに白粉、髪を結って化粧を施す。七時、師匠を迎えに行き、御神田に参加する全員が集まるのが七時半。市長に町長、区長に警護、当番の集落の人々。これで身支度完了だ。

ご正殿参拝

九時五〇分、式三番を納める。御田植祭は、五穀豊穣を祈る農村行事である。翁は集落の長の象徴、千歳は若者の象徴、三番叟は農民の象徴。西アフリカでみる楽器の名前にも似たようなものがある。共同の生活の中にある役割、そこに生きる人間の存在に関わる知恵は、空間的地理的な距離を越えるものなのだろう。地の上で生きる限り、人間はその空間の中で同じように自然の摂理に身を委ねる。

一〇時一〇分、参拝のため伊雑宮へ向かう。烏帽子に装束姿のやくびと、忌竹《いみだけ》を奪い合う男衆、伊雑宮の神職、神事の指導をする師匠、奉仕区の区長、やくびとの身辺の世話人、御料田のある上之郷の住民などが祭りの運営に携わっている。この祭りによって、人々はより一層生活の共同性を意識し、実践する。祭りに関わるすべての者が、伊雑宮でのご正殿参拝、修祓《しゅばつ》を終え、神官から授けられた早苗をもって御料田へと参進する。東風《こち》はすでに初夏の気配。

一〇時四〇分。早苗とり。早乙女が裾上げを行い、裾に小石二個を挟み、田道人も加わり苗代での準備に入る。

一一時、御神田での竹取神事がはじまる。神田へ入る前の男たちは御神酒のふるまいに杯を手にし、その前から景気付けに地べたで一升瓶をかかえる者もいる。神田へ向かうわたしにも、飲めよ飲めよと手招き。下帯姿の男たちはひと昔前まで海の者だった。田んぼの中で泥まみれになりながら大きな団扇に描かれた宝珠を奪い合うのが竹取神事。団扇は「太一」と書かれたゴンバウチワといい、高さ五メートルのそれを引き倒し、団扇についた忌竹《いみだけ》を取る。これを船に掲げれば大漁祈願の印となる。男たちは神事を終え、倒した竹を神田で三回引き回し、そのまま田を後にする。本来は牛が田を耕すところを、この地に生きる海の者が耕すことによって、農に生きる者とこの神田を共有するのだ。このように共生の象徴的行為を御田植祭の中で行う合理的賢さに感心する。

一一時四〇分、田舟、大傘、団扇を用意し、いよいよ御神田の神事がはじまる。杁《えぶり》が竹取神事で荒れた御料田をならし、田道人《たちど》四人が田綱を張る。烏帽子、水色の装束をまとう子らの謡がはじまる。山吹色と黄土色の装束は小鼓に大鼓。笛はもう少し年上の兄さんらが袴姿で。遠くに花火の音。御料田鳥居前では、田道人と早乙女が手と手を取り合い三周し、早苗を植えはじめる。

見物人は、世話人が配る引張肴＝籠に入った若芽《わかめ》を肴に振る舞い酒に呼ばれる。小謡一番から九番まで終われば一休み。子らが覚えた謡の言葉が、楽の音と一緒に神田水面に映り鳴る。水面に反射する光は空に在る。こうしてお天道様はかれこれ二千年、いやもっと前から、来る年来る年、人々とこの地に恵みをくださった。

炎天下、早乙女の横には彼女たちの母親が立って、集落の名が入った大団扇で仰ぎ、汗を拭う。女装した稚児が太鼓を打ち、田舟に乗り、神田に入る。おくわか、さいわかによる「刺鳥差《さいとりさし》」の舞がはじまる。引続き小謡一〇番から一八番に合わせて田植えを行えば、一三時を回る。ここで昼休み。やくびとの楽屋である公民館では、子らが慣れない化粧をしたままで菓子を口にし、慣れない装束で手洗いにいく。袖口を汚さぬように袂をもつ母さんたちも、少しの疲れがみられるものの、子供のハレの日を支えている。

やくびとの番ではない村民らの楽しみは、「中六」で食べるうな丼だ。伊雑宮参宮にある入母屋造りの元旅館「中六」には人、人、人の波。幼少の頃は、夏は決まってここの鰻を食べた。関東で食べた鰻が箸で切れた時の驚きは、「中六」のうなぎに親しんでいたため。たれを付け、香ばしく焼きあげる関西風のうな丼は、ご飯にのせる時は皮を上に。関東は蒸してから腹側を上に。食べ方の違いに驚き、楽しむ次元にまで辿り着けば、食べるという行為は無限の喜びとなる。昼休み、やくびとたちを休ませ、世話人や和装姿の旦那たちは再び大いに盃を交わしていることだ

踊込み

ろう。

一五時からおこなう踊込みは、杖突きを先頭に、伊雑宮一の鳥居までの約二〇〇メートルを二時間かけて練り歩く。警護の「めでためでた」の歌声で始まり、杖差が先導し、杖を地面に激しく打ちつけ拍手をとり、田道人とともに大声をはり上げ、威勢よく踊込み歌を歌う。後方では笛・助笛・太鼓・簓の音も入り、ゆっくりゆっくりと歌いあげ、簓摺りは舞いながら簓をする。ようやく伊雑宮一の鳥居まで辿り着けば、残すは千秋楽の仕舞。太鼓打ちと簓摺りの三人。小学生の男児は、約一ヶ月による師匠からの稽古で舞を教わり、次の代へと受け渡す。やくびとをやり遂げた子らの時間は、この後、経験という宝ものになるだろうか。神事すべてが終わり、万歳三唱。

御神田を代々行ってきた磯部に住む人々のこうした姿は、宗教と呼ばれる事象なのだろうか？本祭と、彼らの生活＝人生との間には、宗教以前の「なにか」との交わりがある。声変わりする時期の男児と青年が連ねる謡の声は、音程を基調にする歌ではない。この地に響くことが目的であり、そこにある音は「なにか」と彼らをつなげるきっかけなのだ。農耕儀礼を現代《いま》もする人々。そこには宗教を超えた、土地との密接な関わりがある。だから、こういった土地に生活せぬわたしたちは、ここでは観る側としてしか存在できない。

七本鮫の話

旧暦六月二四日、二五日は、磯部のオゴサイといって、毎年其日には沖の方から七本の鮫が、島崎《といざき》（的矢、磯部間に在り）を通って、伊雑宮の大御田《おみた》の橋（今は無し）の所まで上って来る。オゴサイの日には鮫が通るゆえ、船は通行止である。但し内しょでは通れたといわれている。志摩の海女は皆仕事を休んで、磯部の宮へ参詣に来る。そして祭りが済むと、「オーイ」と鯨波の声を揚げる。（鳥羽　小田健作）

（岩田準一『志摩の海女』、鳥羽志摩文化研究会）

御神田にまつわるさまざまな言い伝えがある。本の中や映像の中で見る、装束に身を包んだ彼ら彼女らの姿は、無形文化財という名を賜っていたとしても、観る側の目線を気にせず実に淡々としている。行事はこれからも継承されていくだろうが、それでも現実には継承する者の不在が目の前にある。継承する者がいなくなれば、土地と人間との間にある弛み無い関係も終わる。目の前に迫る継承者の不在という現実と、山から里に下り、わたしたちの身近に迫る野生動物たちとの間で、わたしたちの生きる世界はどこへ行くのだろう。

本祭が終わればみな賑やかな振る舞い酒に呼ばれ、やくびとを終えた家族らは一息吐く。この地に生きる人々にとって、生き続けていくためにはやらねばならない農。この地があってこその生なのだ。この日繰り広げられた神事の一つひとつの所作は、この地にいる精霊への呼びかけであり、神事とすることで、今日この場にいる人々と地との関係が新たに結ばれる。七年、あるいは一四年に一度という年のめぐりに居合わせ、やくびとになるということは、この土地に生きるという約束ごとのうえで成り立つこと。日本の、そして世界のあらゆるところに、人と自然との関係性を信じる人々がいる限り、音を携え、地に祈り、平伏するハレの日があるだろう。

そして忘れてはならないのが、このハレの日に赤飯を炊く女たちのこと。御神田では唯一、早乙女のみが女として表舞台に立つが、それを支えているのは台所に立つ女たち。前日に小豆《ささげ》を茹でこぼし、再び水を入れ、ゆで汁を澄んだ小豆色にし、豆と汁に分ける。汁は、お玉ですくいながら空気にあてることで色が鮮やかに。冷めたゆで汁に洗ったもち米を浸し、一晩置く。小豆を別途、鍋で茹で、汁と分けた米に混ぜる。蒸し布で包み、火にかけ、三回にわけて、途中塩を加えた汁をかけながら三〇分ほど蒸し上げれば、もっちりした赤飯となる。土地で採れたもので人を迎え、祭りを迎える。祭りを終えた男たち、子どもたちが食べる赤飯。祭りで使った村の名前が書かれた大きな団扇。盆に帰る孫たちを寝かせるのに子守唄を歌いながら祖母が扇いでくれたのを今でもよく覚えている。ハレの日とは、日常の生活があってこそのことなのだ。

日本の各地で続いてきた田楽。人々の暮らしを支え、祭りを支えてきた土地との繋がり。笛の音と社の樹々の葉の触れ合う音が空で交じり合い、それがやがて月の光と重なって、わたしたちを照らしてくれる。わたしたちの想像力は、こういった土地との繋がり、あるいは土地自体を失くしてしまった人々に寄り添うことができるだろうか。

夏―処暑―

地を踏む音、楽と声のふるえ

フランス：ブルターニュ

人生の欠片を共に夏の月

Lune de l'été
Morceaux de vie
Partagés

（photo : Michel Duchemin）

音は大きくなくてもいい。音楽はみなで小指と小指をつないで踊るため。
うねるうねる人の輪に、どのタイミングでいれてもらえるかな。
足のステップを見ようみまねで踏みながら、勇気を持って、よいしょ。
ここから、皆と一緒にわたしも、音でも言葉でもない何かに身をまかせる。

楽器と声

ヨーロッパ大陸の西の果て、ブルターニュ半島。この地の何から話せばいいだろう。ケルト文化。先史時代のドルメン（Dolmen 支石墓）、メンヒル（Menhir 巨石記念物）。レース装飾を纏う女性の踊り。ブルターニュ語。麦が実らぬ土地ゆえにそば粉を食す、等々。グローバル時代の世界観を相手にわたしたちができることとは何だろう。それは差異の受容、そしてローカルに生きる人々がいると認識することではないだろうか。

この地に響く音との出会いは、フェスノーズ Fest-Noz（ブルターニュ語で夜の祭りの意）での、プランテック Plantec という兄弟のユニットとの演奏がきっかけだった。

Fest-Noz（夜の祭り）で踊る人々

音が鳴り始める。すると、われ先にと誰かが踊りだし、すぐさまその誰かの小指に誰かが指を掛ける。さっきまでシードル（リンゴ酒）を飲んでいた若い子がそれに加わる。十代になるかならないかの子どもまで、小指を求めて踊りだす。この連鎖が次々と列となり輪となって、輪が唸り始める。空間が人々のステップと音の波で揺れる。張り上げるのでも、捲し立てるのでもない、淡々としたブルターニュ人＝ブルトンの歌声。繰り返される旋律。ひたすら黙々とステップを踏む姿は、自分の意思と力で踊るというよりは、まるで宇宙からの力に揺さぶられているかのようだ。

舞台の上にいる奏者が演奏しながら見る人々の姿は、地と人間がコンタクトしあい、共にうねる姿。この情景をまだ見ぬ人は、はたしてどんなイメージを思い浮かべるだろう。今でこそ、音響装置を配した、何千何万の人々が参加する大規模なフェスティバルやコンサートという形になっているが、もともとはこの半島にある村々でハレの日に繰り広げられる音世界だった。

人々は結婚式や祝いの席に楽士を呼ぶ。音楽を鳴らすのは皆で踊るため。演奏者も、踊る人々の輪の中で奏で、歌い、うねる。彼らもうねりの一部なのだ。演奏者が舞台の上で奏で、踊り手が舞台の下で踊る、といったように演奏者と踊り手が別々になったのは、音量の拡散技術が発達した二〇世紀に入ってからのことだろう。大戦前は、楽器もアコースティック。それでも人々は、音に耳を傾け、踊っていた。ブルターニュ音楽を代表する楽器、ボンバード（ダブルリードの木製の楽器、チャルメラと同じ構造）は、音の大きさでは、その高音の効果により、他のどれよりも勝るほどの音量を放つ。

ここでは楽曲は口承で伝えられ、何世紀も何世紀も進歩を必要としない音楽と共に人々は生きてきた。村から村へ伝わる物語。情報を歌にのせて語る演奏者は語り部でもある。演奏者の形態は、二人組から、グループ、列をなす楽隊、バガッ **Bagad** と呼ばれるファンファーレまでさまざまだが、基本的な二つをここでは紹介しよう。

一つは、二人組の歌唱によるもの。ブルターニュ語でカンアディスカン **Kan Ha Diskan** という。カンアディスカンとは、呼びかけ（**Kan**）と返し（**Diskan**）のこと。英語でいうところのコール・アンド・レスポンスである。一人の男が歌い、もう一人の男がその歌に応える。彼らの声だけで

ボンバード奏者
(オドロン・プランテック Odran Plantec)

ビニョウ奏者

人々は踊り、彼らが足で刻むテンポだけで人々はリズムを踏む。

もう一つは、ビニョウというバグパイプ楽器と、ボンバードというダブルリードの楽器の二人組。こちらもカンアディスカンを基本としている。ビニョウ奏者が吹く通奏低音の中で、ユニゾン、呼応により、一つのメロディーを繰り返す。前述のユニット、プランテックのスタイルは、器楽によるカンアディスカン。兄ヤニックがギター、弟オドロンがダブルリードのボンバードを奏でる。思春期の頃からお声がかかれば、あちらの村、こちらの街のフェスノーズで演奏してきたそうだ。広範な地域で見られるボンバードの名称は、モロッコではライタ、トルコではゾルナ、ペルシャではスルナ、インドではシュナイ、そして琉球王国に行けばソルナとなる。ダブルリードの響きは、倍音を豊かに含み、どこまでも響く。

ブルトン歌手でわたしが一番感動したのは、ヤン＝ファンシュ・ケメネール Yann-Fañch Kemener とエリック・マルシャン Erik Marchand。彼らの声の響きと、ボンバードの響きとが何とも似ているのだ。共通するのは音の揺れ。音響装置がない時代から、人々を虜にして放さない音響──それは歌手たちの唱い方にみられる、母音にちりめんビブラートと言われる細かい振動を鼻孔に響かせる音のゆらぎだ。同様にボンバードの音は、口角でビブラートをかけなくても、楽器の特性上ゆらぎが聴き取れる。

このゆらぎに関して、脳科学による分析は可能であるはず。しかし当の科学者の言葉を借りれば、「音楽のクオリアは、わたしの脳内に「予測不可能な大きな穴」を開ける。ある音楽体験において、どれだけ文字や数字を尽くしても、実際にはなにが起きているのかは、結局説明できない」（茂木健一郎『すべては音楽から生まれる』、ＰＨＰ新書）とのこと。鼓膜を震わす音たちが、この地に響くゆらぎであるように、世界のどこかで同じようなゆらぎに心を合わす人々がいるはずだ。そうした希望をもって、科学による答えをわたしは求めない。

ケメネールが発する声に内在する倍音。半島を包み込んできた無名の声やボンバードの音たちは、さまざまな地域の声や楽器の倍音に呼応している。楽器と声がこのように対等である関係性の起源を探っていけば、声が楽器の音を模したのか、あるいは楽器が人の声を模したのかがわかるのかもしれない。しかし、そうした歴史的実証よりも、楽器と声との間に優位はなく、「ものみな」が響きの中に共存するという平安がありさえすれば、それでいい。

村をたずねて何万里

演奏者は移動する、どこまでも。演奏を頼まれれば、聴いてくれる場所があれば、どこまでも。特に夏期シーズンは、毎日、あるいは毎週どこかでフェスノーズが行われており、演奏者にとっては稼ぎ時だ。村や地域からお呼びがかかり、大西洋に出っ張ったブルターニュ半島を車でひっきりなしに移動する。

ブルターニュ半島。ここから人が出ることもなければ、外圧を受けることもなかった時代、ギヨーム・レオン Guillaume Leon（一八六八－一九五〇年）という演奏家は、なんと五〇年間で一五万キロを歩いて演奏したそうだ。しかも自分が住む地域圏内だけで、だ。この地に住む人々はいったい、どれだけハレの日を、あるいは労をねぎらう音楽を生き甲斐に生活していたことだろう。一八八〇年から一九三〇年の間、彼は結婚式での演奏を約五千回もしたそうだ。

夜中に出発して、明け方に演奏する村に着く。歩いて移動。わたし自身も経験上常々感じることだが、演奏者の体力は、演奏のためだけでなく、移動するためのものでもある。
外圧を受けることなく、と書いたが、そういうと語弊が生じる。先史時代－ケルト－ガリア－ローマ支配、バイキングにフランク王国――当然さまざまな影響を受け、この地にある音楽はその都度更新されながらも、しかし、人々の音楽に対する根源的な渇望は確固なものとしてあったに違いない。ブルターニュ特有の呼び名として、演奏者はソノー Sonneur（フランス語では鳴らす人の意）と呼ばれる。音を鳴らす人、地を鳴らす人。演奏様式は時の変遷を経ても変わりなく、古くは微分音もブルターニュ音楽の中で使われていた。それは、歌い手の節回しや、ボンバード奏者が付ける音のニュアンスからも容易に想像できる。

五世紀頃にキリスト教が到来。この地に古くからあった歌の内容は、布教により次第に変化し、アニミズムに近いさまざまな神を祀る歌や、この地に住む人々を祝う歌は、キリストやマリアを讃える歌へと変容した。そして、キリスト教と共にポリフォニーがブルターニュにやってくる。聖職者はその後何百年もかけて、音楽を介してこの地をカトリック信仰の地に変えていった。土着的な伝統が低下する時、宗教の力が上昇する。そして宗教は、時に経済との関係性を強く持つ。
宗教音楽を神聖なる音楽 musique Sacrée と呼ぶ時、それとは別の音楽を何と呼べばいいのか。世俗音楽？「神聖なる」とは言っても、人それぞれによって捉え方が異なる。一神教の人たちにとって、あるいは多神教の人たちにとって、なにが神聖であるのか。わたしたちがいま言えることは、宗教でなくとも、人々が心に抱く何かに響くもの、それを音楽と呼び、それはまた個人の中に鳴る音楽である、ということだ。その響きが、共同体の中でうねる時、初めて個の存在を安住の域に置くことができる。

その昔、名も無き人々が曲を作り、そして忘れ去られ、ある日、急に思いだしたかのように、「じいちゃんがこんなメロディーを口ずさんでいた」といった感じで継承され、アップデートされてきたブルターニュの音楽。先達が採譜したもの、あるいは記憶をもとに、今日も演奏者が村から村へと移動し、演奏する。フランスに併合され、さらに革命の一七八九年にブルターニュ公国が法的に廃止された後の民族性の喪失は、音楽にも当然、影響を与えたであろう。しかし現在、ブルターニュの音楽は、歌い手が数少ないブルターニュ語の話者であることから、言語復興運動と並行し、口承文化として地域から保護されている。歴史の変遷を経て、戦後、文化復興運動として再び花開いたブルターニュの音楽は、ヨーロッパ中世の音世界を今日においても偲ばせる貴重なものとされている。

遠くて近いみんなの歌垣

ブルターニュ音楽は、宗教的で神聖な音楽だろうか、あるいは世俗的な音楽だろうか。ブルターニュ音楽は、いずれにも属さない、言うならば「機会に適した音楽」だとわたしは思う。こういった音楽の風景は、例えば東アジアにルーツをもつ歌垣の姿と重なるだろう。中国少数民族によって今も行われ、日本でも奈良時代を起源にして盛んに行われたこの歌会は、男女の恋愛の進展を目的としたもの。「歌の題は、家庭、農作、災害、政治、恋愛など多種で、どのような題でも歌いこなすのが特徴です」(辰巳正明『歌垣――恋愛の奇祭をたずねて』、新典社新書)。嬥歌《ちょうか》は踊りも含み、また平安時代には踏歌と呼ばれる、やはり男女による集団の歌舞が渡来人によって奏されたという。そこには男女の唱和による歌舞があり、時にリクエストがあれば場面にあった楽曲を楽士が奏でもしただろう。ここでは「機会に適した」演奏をすることが、楽士の役割。わたし自身も結婚式で演奏することがある。新郎新婦からのリクエスト。式に配慮した楽曲。こういった音楽の機能は昔から変わらぬものであるのかもしれない。ただ、演奏者当人にそくしていえば、この場は、演奏の技術を維持するための場であり、またその技術を披露する楽しみの場でもある。人間がいるどの地域にも、歌垣のエスプリは存在し、各々の音楽の鳴り方は違うにせよ、共通したものを見いだすことができるはずだ。

アイリッシュとブルトンの違い

伝統の中で今を生きる演奏者、プランテック兄弟も、一年中とくに夏期シーズンは、移動－演奏－移動－演奏の毎日を繰り返している。ある日、演奏が終わって次の会場へ移るため夜中に自動車を飛ばしていたところ、弟のオドロンが運転する車が大事故を起こしてしまった。演奏後の奏者の疲労は、たとえて言えば「脱力」に近い。歩行に頼っていた古人であれば、野で休んで、また歩くこともできるだろうが、文明の利器、自動車での移動ではそうはいかない。結果、助手席に乗っていた兄ヤニックは意識不明。半年近く朦朧とした意識の中で過ごしたが、この時に繰り返し聴いた音楽は、バリ島のガムラン（インドネシアの伝統音楽）だったという。五音音階によって繰り返されるガムランの音は、治癒の力をもつのか。演奏者のキャリアを諦めざるをえない状況でありながら、ギター奏者にとっての要であるから、だ――手、指、腕、そのすべてをリハビリによって快復させた。彼自身、毎日聴いていたガムランの音、旋律の力に、からだを快復させる何かがあった、と言う。

ブルターニュ音楽では旋法が使われ、それはさかのぼればギリシャ旋法からの影響を受けているという。踊りのための音楽であり、その踊りには数多くの形態がある。ガヴォット Gavotte、ライデン Laridenn、プリン Plinn、アンテドロ Hanter Dro、アンドロ Andro、そしてブルターニュ半島の外から来たダンス…etc。どれも二分の二拍子、四分の四拍子、八分の一二拍子からなり、アウフタクトが特徴的に使われる。アウフタクトとは、小節の一拍目以外から始めること。この音の鳴り方が踊りにアクセントを付け、より躍動的にする。このような踊りのスタイルや楽曲を知っていることが楽士としての条件。一八九五年には半島の最西端の街ブレストで、楽士のコンペティションが開催されたという。受け継がれた伝統は常に時代の中で更新される。ブルターニュの楽士は、一九世紀に流行したカドリーユ Quadrille（四人一組で踊る形態）も取り入れた。

ポリック・モンジャレ Polig Monjarret という、ブルトンのボンバード奏者は、戦前から戦後にかけてブルターニュ各地で曲の採譜をし、音階、リズム、実在した演奏者の紹介などを含む豊富な内容の本を編んだ。全二巻にわたる採譜集の中で、興味深いことをいくつか書いている。その中の一つに、ブルターニュとケルト文化の影響関係がある。ブルターニュと、広範な域でケルトをつなぐアイルランドとの関係性は？　と自問し、その答えをこう記している。

わたしの意見としては、アイリッシュ音楽とブルターニュ音楽との間に相似性は見てとれません。おそらく共通する何かはあるでしょう。しかし、バルカン音楽や中央ヨーロッパ、あるいはスカンジナビアとの共通性を見いだすこともできるのです。一九八一年にアリシッド・ルロー Alcide Leroux は、西ブルターニュとオリエントとの関係も説いています。わたしも同感します。またジェフ・ル・ポンヴァン Jef Le Penven は、中国音楽との類似を明らかにしています。その基底にあるのは、五音音階ペンタトニックです。

（Polig Monjarret "Toniou Breizh-IzelMusique populaire de basse-bretagne", Dastum 出版：著者訳）

要するに、時を経て今なお残るブルトンの歌や曲は、この半島にオリジナルなものであるが、この音楽を俯瞰してみると、そこには人類がもつ共通した音世界の何かがある、ということだ。

村民がつくるフェスティバル

ブルターニュ半島は西側をバス ブルターニュ Bas Bretagne 西（低い）ブルターニュ、東側をオット ブルターニュ Haut Bretagne 東（高い）ブルターニュと呼ぶ。半島南の街、ヴァンヌ Vannes から東に二〇キロ、東ブルターニュに属す入り江に、ビリエ Billiers という村がある。ここで二〇〇六年に、ある小さなフェスティバルが立ち上がった。この地域がムール貝の産地であることから、ウッドストック（Woodstock Music and Art Festival：六〇年代のアメリカン・カウンターカルチャーを代表するフェスティバル）を捩ったその名は、ムールストック moul'stock！

わたしはこのフェスティバルへの出演によって、有名どころに劣らない、地元若手の歌い手たちの音楽と接することができた。このフェスティバルが面白いのは、地域の活性化や助成金の使い道としての祭りではなく、村人が自発的に自分の家の庭を演奏会場にして、この共同体の中に風を通すことを目的に始まったということだ。フランス極西の半島に住む人々がふだんは耳にすることのない、出会うことのない、さまざまな音楽家が村を訪れる。マケドニアから、コート・

ムールストック・フェスティバル、昼間の演奏風景

ジボワールから、ラジャスタンから…etc。ある年には日本の堺から臨済宗の僧侶がやってきて、ブルターニュの村で経を読んだ。庭に敷物を敷き、子どもも赤ん坊も、奏でられる音、奏でる奏者に見入る。年配の人々も村に響く音を探して歩く。

ところで、このフェスティバルは、どうやって成り立っているのだろうか。村のあちこちに立ったスタンドで売られる飲み物、食べ物の全てが収益となり、それが経費や演奏者への謝礼となる。ブルターニュの人々はよく飲む。土地で生産されるシードル、ブルターニュ産のビールに蜂蜜酒。決して豊かとはいえない農地、冬はまるで陸の孤島となるブルターニュにあって、荒々しい大西洋の海と共に生きる彼らは、フランス人が一般的にもたれる外向的な性格の印象より、内向的なものを多分に持っている。しかし元来、音楽や踊りが大好きな彼ら。それは、庭を開放し、村を飾り、ボランティアで飲み物を売る、といった手作りのフェスティバルを作り上げてきた彼らの姿からも容易に見てとれる。

こういったノンジャンルの音楽を軸にしたフェスティバル以外にも、地元に根付くフェスノーズがいくつかある。小規模であれば、簡単な舞台を作り、必要があれば音響機器を用意する。村の女たちが蕎麦粉のクレープ＝ガレットを焼き、男たちがシードルや地元のビールを売れば、それで会場はできあがり。入場料や参加費はいらない。踊れば踊るほど喉が渇くから飲み物で喉を潤し、疲れればその辺りで休めばいい。音楽が鳴ればまた踊り、そして聴く。お金は使われることによって村を循環する。もちろん大規模なものになれば、屋台の数も音響機材や照明やらも賑々しくなる。野外でない場合は入場料を取るところ

ガレットを焼くボランティアの女性たち

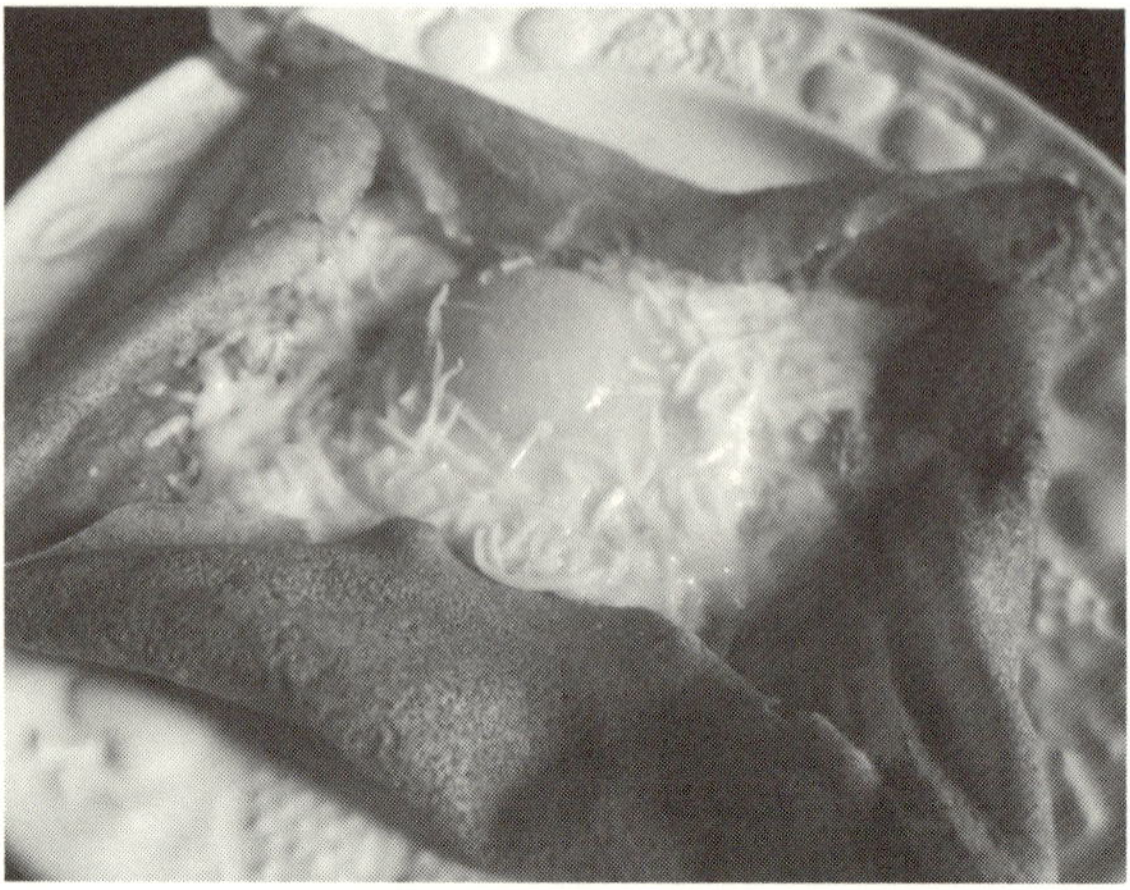

ガレット Galette de sarrasin complète

もあるだろう。しかしそれは経費に還元され、必要以上の利潤は生じない値段設定だ。こうして夜の祭りに参加する人、支える人は、明日にはまた、それぞれの日常に戻る。

そば粉のクレープ一〇〇〇枚

フェスティバルでの演奏や、さまざまな場所での演奏の楽しみは、その地その地で食べ、発見する食事にある。ビリエ村のフェスティバルでは、定番のそば粉のクレープ、ガレットを一〇〇〇枚焼いてフェスティバルに参加した女性がいた。フランスで最も美しい村に選ばれたロッシュフォーアンテールRochefort-en-Terre でクレープ屋を営んでいたというその女性、アンヌさんのレシピを紹介しよう。

十二枚を焼くとする。そば粉二五〇グラム、水二分の一リットル、全卵一個、塩一〇グラム。ボールにそば粉と塩を入れ、溶いた卵を加え、少しずつ水を入れダマができないように混ぜる。

ボールに蓋をして冷蔵庫で最低一二時間寝かせる。

フライパンにバターをひき、お玉で一杯分を入れ、へらでのばして焼く。両面が焼けたらハムを敷き、卵を割りいれ（目玉焼きの要領）、エレメンタルチーズを散らし、塩胡椒を加える。四方を折り込めばできあがり。

至ってシンプルだが、上手くできるか否かは、経験がものをいう。薄く、生地の端はカリッとしているものが旨い。クレープリー（ガレットやクレープのレストランの総称）で食べる場合は、前述の、ハム、卵、チーズが入るガレットコンプレが定番。サラダが付いたり、鴨肉の薫製やらスモークサーモンを入れたものなどバラエティーに富む。しかし屋台で売っているものの多くは、単にエレメンタルチーズをはさんだものか、ブルターニュ産の豚のソーセージをはさんだもの。このソーセージは、豚が海の塩風を浴びた草を食べているから肉そのものの塩気が効いていて旨い、とのこと。いずれにせよ、この土地で採れるものをこの土地で食べることであらわれるローカル性が、ここにはある。

民族としてではない共同体

ビリエ村から海につづく道筋に、この地で一三世紀から存在するシトー会の修道院がある。フランス革命後、農業協同組合の所有となり、一九六一年には精神病患者や薬物依存症患者の社会復帰を目的に、病院兼リハビリ施設となった。施設には、牧場にたゆたう牛や鶏などがいて、有機栽培による野菜や苗木もある。患者自身の社会保険と公的援助で成り立つこの施設では、リハビリをする人々がその治癒と自給を目的に農作業を行っている。

ムールストック・フェスティバルに必要な機材は、この施設から貸してもらっている。年に一度の祭りを施設の患者も手伝い、音楽を楽しむ。ある日、舞踏と音楽のパフォーマンスが行われた。出演者は銘々ウォーミングアップを始め、踊り手はからだを動かしている。次第にその動きが舞踏家特有のものとなり、白目をむき始めた。その様子を見ていたスタッフが、施設の患者が異変を起こしたと勘違いして、救急車を呼ぶ間際の事態となった。事が判明した後、みんなで大笑いしたが、ここに、この村の人々の共同する姿勢が見てとれる。監視とは違う仕方で村人たちは互いに気を配っているのだ。

有機農法ＢＩＯが話題になる以前から、ブルターニュの自然の中で牛たちを世話してきたガエトンは、この地で四世代にわたって酪農を営んできた。安定した品質の乳製品をつくり続けてきた彼の農場には、量産による低価格品やブランド名に左右されない、地域で共に生きようとする意識を持った村人が買いにくる。ビリエ村から八キロ離れたところに、牡蠣で有名なペネルフという港町がある。ここで養殖を営むジョエルは、大地からの栄養が海に流れることによって旨い牡蠣ができるという。土地に住む人々と食物の関係は、単に金勘定を目当てにしたものではない。住む場所とそこにある一次産業に密接な関わりがあることを、ここの村人はよく理解している。

酪農家ガエトンの今は亡き父上ルネは、ことあるたびにプロテストソングを歌っていたという。その歌は、軍事基地拡大のために農地を奪われようとしたラルザックLarzacという村の反対運動の中から生まれたものだ。ルネも当時参加したその運動は、日本の成田闘争を彷彿とさせるが、結果は似て非なるもの。ラルザックの農民は、農地を守る方法として土地を買うという方法を見いだした。しかし、貧しい彼らだけではすべての土地を買うわけにいかない。すると、この運動が都市に住む若者たちの共鳴を呼び、彼らがラルザックに土地を買い、住

ガエトンの牛たち

ペネルフの牡蠣養殖

み始めた。そこに住むことを目的として購入したのではなく、土地を守るために買ったのだ。こうした平和的闘争の結果、国は基地拡大を断念。ラルザックの農民たちの勝利となった。

ルネの同志で、この運動の中心的人物に、当時ラルザックの酪農家であったジョゼ・ボヴェがいる。アルテルモンディアリスト（altermondialiste。人権、平和、社会的公正の実現をグローバルな局面で模索・推進する運動の活動家）であり、後にヨーロッパエコロジー、緑の党から欧州議会議員になる彼は、九〇年代に起きた、マクドナルドを「解体する」農民運動の中心人物でもあった。多国籍企業による文化破壊の象徴としてあるマクドナルド。彼は運動のラジカルな行動として、建設中のマクドナルドを破壊した。人がいない夜中を狙った確信犯。当然、法の裁きを受けた。しかし、彼の行動はグローバリズムに抵抗する一つの例として、フランスの人々に今でも語り継がれている。

ローカルに生きようとする者たちのプライド。ここで生きる者の守るべきローカル性。ムールストック・フェスティバルで歌を披露したルネの伴奏は、もちろん演奏者たちの即興によるものだった。抵抗運動が行われた時代を知らぬ世代の演奏家は、歌によって人々が生きた歴史を知る。このように、村人がステージで歌うことのできるおおらかさが、ローカルな地で行われるフェスティバルの醍醐味だ。この土地に住む人々の、共に生きようとする意思を肌で感じた。

最後に、ある鰹節工場の話をしてこの章を終わりたい。

ブルターニュ半島南西のコンカルノという街で、現在鰹節工場を造る計画が進んでいる。鰹節は加工工程で黴をつけるため、フランス厚生省の認可を得るために目下交渉中。ことの発端は、鰹節で有名な九州の枕崎の業者が、地勢や環境の相似からこの地に鰹節工場が造れると見込んだことにあった。背景にあるのは、フランスにおける日本食への関心の高さ。輸入ではなく、食される現地で食材をまかなおうというのだ。当然、現地のフランス人も興味を持ち、日本食への関心の核となる出汁に注目が集まる。ブルターニュでは天然の昆布が採れる。

フランスでは現在、日本食に興味をもち、食す人々が多い。寿司やてんぷら、ラーメンだけが日本料理ではない。出汁を知らずして日本料理の何を語れようか。出汁がもつ日本のローカル性を、料理家辰巳芳子は切々と語る。

ガンジーは木綿を印度人の手に奪回すること、英国から必需品である綿布を買わされずにすむことから印度の独立をはたしました。その為に、まず自ら綿を植え、糸を紡ぎました。今、わたし共にとって木綿とはなんでありましょうか。（略）ここで、汁もの、鍋もの、煮炊きものを、格式高いものからかっこみものに至るまで観てみましょう。ひっくるめて共通分母としてありありと現れてくるのは「出汁」です。出汁さえあれば——。反対に出汁がなければということも、ニセものの出汁で食べてゆく暮らしのことも、手にとるようにわかってきます。（辰巳芳子『味覚日乗』、かまくら春秋社）

もともとの「共通分母」が、気がついた時にはグローバリゼーションの波に流されてしまうという危機。その地にある食物との関係を失ったとき、わたしたちの食は何を分母とするのだろう。ブルターニュに鰹節工場ができるというのは、グローバリゼーションという名の経済の流れの結果ではない。ローカルがローカルを呼んだのだ。日本料理を旨いと感じるフランスの人々。牛や山羊の乳から作るチーズという発酵食品が日本でも生産されているように、鰹節という日本のローカルな食材が、ブルターニュというフランスのローカルの地で、今や食の分母になろうとしている。

秋—秋分—

スーフィー教団ハマッチャの音世界

モロッコ：エッサウィラ

三秋を迎えし庭に祈る音

Tout l'automne
Le son de la prière
Accueilli dans le jardin

音がからだを喚起する。
機縁は巡り機縁を回り、周縁に鳴り響く音はその核を神とするのか。
明日割るタリージャ（陶器でできた鼓。叩く部分は山羊の皮）を叩く子らを前に、音楽を買うという世界と、音楽は生活であるという世界は、共に在ることができるだろうか？

モロッコという地が持つ空気感に魅せられた人々。その魅力とは、風土が育む人々の営みの中にあるもの——イスラム教の世界であり、文学であり、食であり、音楽であり、ユダヤの人々との共生であり、クルアーンであり、そして祈りの姿。イスラム教発祥の地を東とすれば、西の果てにあるモロッコ、西方イスラム世界＝マグレブという地に至り、距離の長さに比例して教えが変容するのは必然だろう。

大西洋岸の小さな街エッサウィラしか、わたしはモロッコを知らない。そしてエッサウィラの何を知っているかといえば、その地に生きる者との演奏を通して感じたことしか知らない。この小さな街にはさまざまな人間たちがいて、であるからには、音の世界も然り。

ベルベル人(1)の吟遊詩人三人組が、街で観光客を相手にルバーブとタムタマで囃し立てる。ザウィラ(2)に集うスーフィー教団が奏でる祈祷儀式の音や、シナゴーグのまわりの、メラー Mellah

と呼ばれるユダヤ人地区（近年、火事によって一帯は崩壊してしまった）に潜む音に耳を傾ける。ユダヤ人のグナワ奏者、(3) タムジカーが鳴らすゲンブリ(4)の低音が、穴蔵のような工房から聴こえてくる。街で耳にするこれらの音に、疾風にのったアザーン(5)と鴎の声が重なる。香りに音があるならば、混沌とした音香が旧市街いっぱいに立ち込め、夜ともなればカマル(6)、月が囁く。

西洋の眼差しで捉えるルーツミュージックの一つにどっぷりと浸ることのできる場所、それがこここエッサウィラなのかもしれない。毎年初夏に開催される「グナワフェスティバル」。街の広場プラス・ムレイ・ハッサン Place Moulay Hassan の特設ステージでは、グナワ音楽を中心に海外ミュージシャンとのフュージョンが繰り広げられる。きらびやかな照明と大音量。道《スーク》には、この街の楽士が練り歩く。ただしアコースティックで。このフェスティバルを横目に、わたしにとって、ルーツ、ミュージックという呼び名は呼び名でしかなく、この地の音世界は、彼らの生きる営みの中で鳴って

（1）**ベルベル人**　イスラム教到来以前の北アフリカの先住民。
（2）**ザウィラ**　各スーフィー教団の修行の場、霊廟。
（3）**グナワ奏者**　ゲンブリ（Guembri）とカルカブ（Qarqeb、鉄製のカスタネットの形状）を奏で、マァーレムが歌い上げる。グナワ音楽は後の頁で説明。
（4）**ゲンブリ**　山羊の皮、山羊の内臓を縒った弦を四方形の木の胴体に張った三弦撥弦楽器。
（5）**アザーン**　一日五回の礼拝の呼びかけ。
（6）**カマル**　クルアーン（コーラン）第54番目 Al-Qamar のことを指す。

いる音楽でしかないと思う。それでいい。

フリージャズとスーフィー教団楽士ハマッチャの奏でる音

パリを拠点に演奏するベース奏者、ヨラム・ロッシリオ Yoram Rosilio が率いるアンチ・ラバー・ブライン・ファクトリー Anti Rubber Brain Factory、日本語に無理矢理訳せば「反ゴム製脳製造工場」という名のグループに参加したのが事のはじまりだった。ヨラムの祖先はスペインで暮らしていたモロッコ系ユダヤの民。誰にでも訪れるであろう出自への興味は、自己をみつめる時期を呼び、音楽家であればその思いは人一倍だったはず。というのも、パリで演奏するのであれば、この街の聴衆がもつ、奏者や創造《クリエイト》される音楽自体の「オリジン、出自」への好奇心という視線は否応なく彼らに注がれるからだ。チャールズ・ミンガス大好き、ファラオ・サンダース大好き、とどっぷりジャズの世界に

エッサウィラのグナワの霊廟（修業場）

ハマッチャの霊廟にて

浸かったからだをパリから離し、ヨラムは未だ見ぬ、祖先と縁のある地に赴く。

そこで彼が見聞きしたものは、「モロッコに魅せられし者」の典型と方向は同じだが、本質が違う。彼が自己のルーツに興奮を覚えたであろうことは間違いない。その感覚を音楽という形で表現するにあたって、この地の空気感の共有が、演奏を共にする者同士の間でどうしても必要であると彼は判断した。そこで、グループのメンバー一一名をアーティストインレジデンスという形でこの地に連れてきたのだ。オーガナイズの部分を彼におんぶにだっこ状態のメンバーは、このプロジェクトに対してどこからお金が出ているか気にも留めず、ヨラムの新しいプロジェクトへの昂奮もあらたに気温四〇度の空港へ降り立つ。折しも

一緒に制作するということ

二〇一一年の二月、アラブの春の余波がマラケシュの街にもデモという形で及んでいた。

空港に着き、ブルーのおんぼろベンツに乗り込む。定員五名。楽器は膝の上。約四時間後には潮風たなびく港町、エッサウィラに着く。地元の運び手たちがわたしたちを取り囲み、荷物を次から次へと木組みのカートに乗せる。いざ、ハマッチャたちの待つ場所へ。スーフィー教団ハマッチャが何であるかは、もう少しあとに話そう。エッサウィラに着く。モロッコへ発つ前のパリでのリハーサルで覚えたリズムが、わたしたちを迎えてくれる。

このグループに参加する数年前、わたしはモロッコに来ていた。ぶらぶらと内地のマラケシュで時間を過ごし、街の人に日帰りで行ける所はどこかときくと、紙に「Essaouira」の文字。調べてみればバスで行けそうだ。翌早朝、長距離バスに乗り込み、海を目指す。何の予備知識もなくエッサウィラに辿り着く。もちろん、モロッコを代表する一大フェスティバル「グナワフェスティバル」のことなどまったく知らなかった。あの時わたしは、はたして街の音や音楽に耳を傾けていただろうか？　エキゾチックという先入観の中で旅をすることの虚しさ。旅は行き当たりばったりでいい。それにしても再びこの地に戻ってくることになろうとは。

公的団体や企業メセナなどが助成する文化プログラム、アーティストインレジデンスは、制作過程、発表までがその期間となる。ヨラムが立ち上げたプロジェクトは、フランス組、モロッコ組の両者による共同制作で、主なリハーサル会場はバスチョン Le bastion、またの名をボジュ・バブ・マラケシュ Borj Bab Marrakech という。エッサウィラがまだマガドールという名称でポルトガル領であった時に建てられた要塞だ。これから約二週間、総勢一六人の演奏家によるリハーサルの日々が始まる。宿泊先は旧市街のアパートメント。自炊。渡航費・宿泊費・食費・リハーサル費、そして制作発表としてのコンサートに対し、後日経費とギャラが支給される。

　このプロジェクトの実現にあたり、ヨラムは想像を絶する労力を費やした。演劇やダンス、オーケストラなど大人数が動くプロジェクトは、入場料だけではす

ARBF とハマッチャ、アル・ジャディーダ公演

ボジュ・バブ・マラケシュ

べての公演に必要な費用や演奏者へのギャラを支払えないため、基本的にメセナや公的機関からの助成を受給することで成り立つ。それは入場料から得られる収益とは異なり、演奏者へのギャラも含め、あくまで必要経費としての額面だけ。

各機関への申請、書類作成には厖大な時間がかかる。書類だけでなく、企画の立ち上げからありとあらゆるロジスティックに対し、どれだけの処理事項が立ちはだかっていることか。それを集団の中で限られた者が負担することによる後味の悪さ。民主主義をうたったこのグループで、役割分担という方法の可能性をわたしたちはどのように捉えていただろうか。

フリージャズと呼ばれる演奏（スタイルになってしまった！）を信条にするこのグループは、演奏はもちろんブッキングやコミュニケーションなどでもヒエラルキーを排除し、各々が力を配分することを目標に活動を始めた。だがやがて理想と現実との狭間で次第にリーダーの存在を必要とし、リーダーを立てるほうが最終的には物事の透明性や伝達性がシンプルに確保されると感じた時から、ヨラムが前面に立つことになった。確かにこのプロジェクトは彼のアイデアから始まったもので、演奏する曲の大半は彼の作曲。そしてハマッチャの伝統曲はヨラムのアレンジによるものだ。しかし、「音楽」の中でのリーダーと、「音楽」を取り巻くもろもろの事柄に必要なことを進めるためのリーダーとの混同は、やがて「音楽」自体にも悪影響を及ぼすことに。表現する者は往々に、表現そのものの衝動に従って早急さを求め、自分自身で動き始めてしまう。

はじめての合同演奏

絨毯を敷き詰めたダルスーリ Dar Souiri（Dar＝館、Souiri＝エッサウィラの）。屋内は回廊四階分が吹き抜けになったつくり。そこに街の人々が集まり、階段近くでは男たちが訪れる人々に薄荷茶を振る舞っている。グナウィ（グナワ奏者）、マァーレム・セディック・ラーシュ Maalem Seddik Laarch（Ma-lem Sadik El Arch とも書く）が弟子を連れてやってくる。Maalem とは、「それを知る者＝導者」という意味だ。早速カルカブが鳴り始める。今夜の演奏はしかし、リラ Lila の儀式のためのものではない。グナワ音楽を語るのに必要不可欠なリラ。リラとは、ジン（悪霊）を慰撫し、精神的治癒を目的とする憑依音楽のこと。発祥の歴史にはモロッコという土地の地勢

リハーサル中、カルカブを叩くハマッチャのメンバー

が反映されており、モロッコの南のモーリタニア、セネガル、ブルキナファソ、ザンビア、そしてマリなどの黒人をルーツとしている。カルカブの金属音にゲンブリの低音。トランスを促す音の連なり。ここでわたしが音楽学的文脈を学問的に語ることに意味はなく、また専門用語をそれぞれの現地調査を学問にしている人々と照らし合わせる必要もないので、あくまでわたし個人の体験をもとに専門用語を使うことにしよう。

　マァーレムのかけ声に反応して、サックスやトランペットが音で呼応する。フランス人パーカッショニストも、若いカルカブ奏者の横で見よう見まねで音を刻んでいる。西洋的にいえば、一拍に三つの音が鳴る三連符。しかし、このリズムのこぶしは違う。

西洋のそれでは説明できない音の揺れがある。リハーサルでは、管楽器奏者も弦楽器奏者もカルカブを手に音を刻む練習をした。しかし、明らかに彼らのそれとは違う。違いを聴き取れなければグルーヴだってできるわけはない。フランス組同士で相互に疑心暗鬼。誰が正しいのか？ 真似ることさえもできない苛立ち。会場の聴衆はそれでもトランスしたふりをしたり、手拍子をしたり、おおらかにわたしたち「西洋人」が奏でる音と現地の楽士が奏でる演奏に聴き入ってくれる。

昨今、伝統音楽と呼ばれる音楽と二〇世紀後半に登場した楽器との融合が試みられているが、どのような創造的な音楽を聴くことができただろうか？ フュージョンとは何だったのだろう。試みは自己満足で終わってしまうのか。演奏を終えた充実感を味わいながらも、どこか腑に落ちない一回目のレジデンスが終わろうとしていた。

チューニング——楽器の進歩ってなんですか？

モロッコ組が使う楽器の素材は、木、縄、陶器、鉄と山羊の皮。それに対して、フランス組のそれは、木、金属、プラスチック、電気。演奏をはじめる前に必ずする行為、それがチューニング＝音高ピッチを合わせることだ。ここで問題が起きた。ライタ（Ghe-ta とも Ghayt とも書く）と呼ばれるいわゆるチャルメラと、管楽器との間に溝があるのだ。木でできたライタは、湿気や温度で音が狂いやすく、葦から成るダブルリードは、吹けば吹くほど唾で湿り、音が変わる。楽器に進歩という概念があるならば、西洋で使われる楽器は安定性に特化しているという意味では進化したといえるだろう。しかし、この安定は西洋の中でしか通用しない。

楽器のチューニングは、他者と演奏する時には必要不可欠な行為。お互いの出す音程を整え、合わせることによって合奏が可能になる。音程を合わせることの本質は、わたしたち演奏者のか、、、らだの記憶の中にあるという事実、これが盲点となる。何が盲点か。絶対音感や相対音感といった耳の機能を語る前に、楽士が生きて演奏する土地＝自然の中で育まれた音感に気づくべきで、それなくして他者と演奏を試みることは虚しい。上辺ではごまかせても、核になる音の魂はどこかを彷徨うことになる。

具体的な例をあげよう。先述したライタと、サックス、トランペットのチューニングが始まった。三〇分ある曲（聴衆のトランスの状況によっては三〇分をゆうに超える）には調の概念はない。あったとしても西洋のそれではない。

ライタ奏者の長老ゲンブリックがラの音を鳴らす。わたしたちもそれに追走する。しかし、どうしても合わない。わたしたちの知っているラと、ゲンブリックのラには、数字上では分析できないズレがある。管楽器が奏でるラの音は、清潔すぎるのだ。四四〇 HZ と四四二 HZ の間でしかチューニングをしてこなかったわたしたちの耳には、ライタの音がズレているとしか認識できない。ゲンブリックはリードを少し引き、音程を調整する。しかしこれ以上引けば、楽器本体か

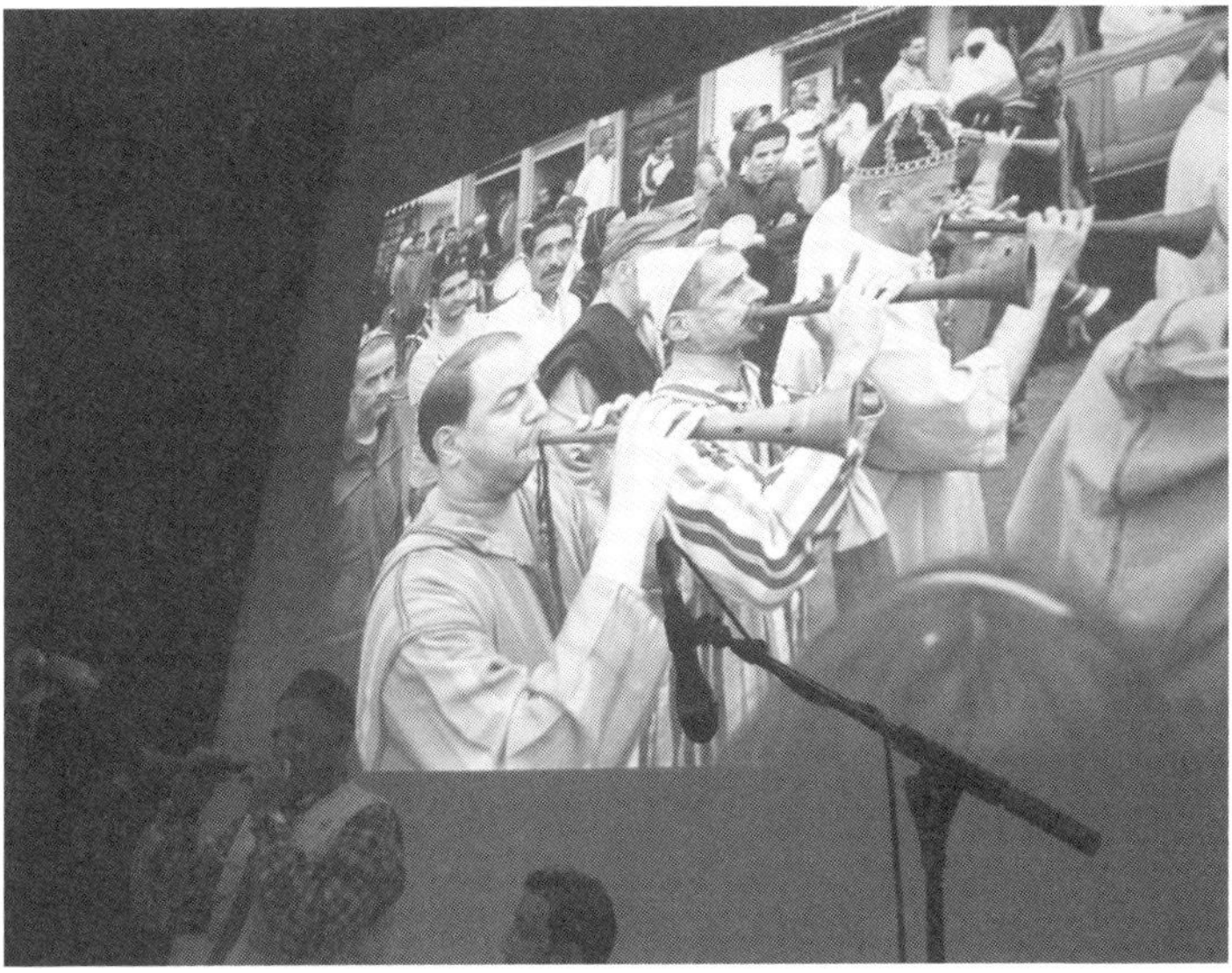

ライタ奏者（photo : Laure Prieur）

らリードが抜けてしまう。ならばわたしたちが口角を緩め、あるいは共鳴するために調整すればいい。なのに、あるサックス奏者は頑なに自分の吹くラが正しいと言いはった。チューナーの目盛では正しいかもしれない。しかし、だ。その時わたしが感じたこのサックス奏者に対する絶望。ゲンブリックの目には愁いが、そして場の空気には戸惑いが漂った。

西洋でしか通用しない音の正当性で説き伏せるのではなく、この瞬間、共に演奏することに楽しさを見いださずして、この状況とどう立ち向かうというのか。共鳴を目指すには、当然そこに苦しみが伴う。自己を否定し、しかし相手に迎合するのでもなく、まだ見ぬ音の魂の飛翔に立会い、差異の認識を肯定的な方向に導くには、相互の理解が必要不可欠だ。

いずれの西洋文明も、あたう限りの徹底したやり方で、身体の作用と精神の作用を別のものと見なす傾向、より正確に言えば、互いに閉じた二つの世界としてこの二つを扱う傾向にある。（レヴィ＝ストロース「アジアはヨーロッパに対し物質的かつ精神的な債権を有する」泉克典訳、『現代思想』二〇一〇年一月号掲載）

西洋は身体技法を忘れてしまった、と一九五四年にユネスコの機関誌で語ったレヴィ＝ストロース。彼がこの場にいたならば、ミクロな世界で起こっている差異の現場と、マクロの世界で起こっている現在の状況を同じものとみるのではないだろうか。

コトラバス奏者であるヨラムは、ひとつの解決策として、通常使われるスチール弦、ナイロン弦をゲンブリで使う山羊の内臓の皮を縒った弦に換えた。彼のラの音には、この土地に鳴るべき音の魂が宿り、ラの音の周縁には希望が添えられ、彼の奏でるコントラバスの音は、彼のオリジナリティを表明するものになった。

ある時、二〇〇ユーロ（約二万円強）の新品のサックスが売りに出されている広告をみて心底驚いた。どこで生産されているかは明らかだろう。なんでも安ければいいという「お得」観念がはびこる中で、値段ばかりが先行し、演奏するわたしたちに楽器そのものがもたらす何かに焦点を当てようとしないことに問題があるのではないか。確かに値段の問題ではないとも言える。どんな状態の楽器も使いこなす、天才といわれる演奏家たちの逸話は枚挙にいとまがない。ただ、楽器が演奏者の道標となり、高みへ、また深みへと導いてくれるかどうか、それが問題なのだ。これは経験としていえる。初心者が、まずは安い楽器で始めるという気持ちもわかる。楽器の練習を続けられるかどうかわからない場合はなおさらのこと。大枚をはたいて一年でやめてしまえば高い買い物となる。しかし、この二〇〇ユーロのサックスに、大量生産が可能な人間の進歩をみるというなら、わたしはそれを決して進歩と呼びたくない。楽器とともに人生を歩む演奏者は、楽器によってまだ見ぬ音の世界に辿り着くのだから。

この楽器の機能、イメージを思うと、それほど変化していません。コントラバスは、むしろ演奏者の訓練によって変容したといえます。

（À voix basse : Joëlle Léandre　ジョエル・レアンドル　Éditions MF）

コントラバス奏者のジョエル・レアンドルは現在、即興演奏を軸に、コントラバスという楽器と向き合うことによって彼女のめくるめく音世界をつくりだしている。楽器が彼女の世界の指針となり、奏者自身の練習によって楽器もそれに応答する。この相対関係の中で、音楽を創造する刺激が見出され、次の一音が紡ぎだされるのだ。

断食月ラマダンの作法——月と共に生きるひとびと

二回目のレジデンスが始まった。場所はバスチョン Le bastion、前回同様、旧市街を守る要塞の中。前回二週間の滞在の折、楽士である男たちから教わったタジン（野菜や肉、魚などを香辛料などとまぜ、タジン鍋といわれる三角錐の鍋で蒸し焼きする料理。羊肉の場合はプラムや杏、鶏の場合はレモン漬け、魚用のスパイスなどを合わせる）を作る。市場での買い物にも慣れ、魚屋や香辛料屋の旦那たちを冷やかしながら歩く。しかし、今回は断食月ラマダンの時期にぴったりと当たった。月の動きとともに時期を移行する断食月は、今年は夏期に。敬虔なムスリムにとっては身体的にきついのではないだろうか。ラマダンの何かも知らぬわたしは、パリから持ってきた荷物に姑息にも食料を入れてきた。だから市場の日中の賑わいには正直、拍子抜けした。それでも、日中に使うカロリー消費を軽減するため、多くの人は家で過ごすのだろうか、ゆったりとした空気が街に漂う。昼の練習の一区切り、休憩時間。潮風と照りつける太陽が一番強い一五時、ラマダンの時期は喫煙も禁じられているので、いつも旨そうにのむ煙草の煙はない。無駄な体力を使わぬよう日陰に彼らは各々座る。毎日のように薄荷茶を入れにきてくれたハマッチャの一員である片足をひいた青年の姿も、今回は見かけない。

練習場の隅にあった水差しを見つけ、水を口に含む。ああ、生き返る。もう一口、と口を開けた瞬間、「マキ、ハマッチャたちの前で水飲むの、やめろよ」。テナーサックスのブノワの声が後ろからわたしの背中をせめた。しまった、と即座に恥じ入った。と同時に、注意してくれた彼に対して何か恨みに近い感覚を一瞬覚える。「ブノワだって、昨日彼らの側で煙草を吹かしていたじゃないか」。なんという愚劣な自分の姿。そんなわたしの心の中の叫びを彼は聞き取ったのか、「ごめん、きつかったかな。でも俺たち、気をつけようよ」という。

加熱前のタジン

こういう些細な気遣いが、日々を生きるわたしたちの間で、さらにはグローバルという大きな世界でも常に発揮されなければならない。わたしたちは、わたし「たち」ではなく、わたしと「あなた」なのだから。そしてわたしとあなたは、「ウンマ」(イスラム教徒の共同体)の一員でなくとも、この瞬間、同じ共同体の中にいるのだから。

フランスにおけるライシテ（世俗主義、政教分離の原則・政策）のスローガンは、たとえそれが偽善を孕んだものだとしても実践されなければならない。しかし、公共性を楯にするのでなく、隣にいる人がどのような状況で生きているのか、その生に対するレスペクトは常に維持されるべきだろう。ある国が持つしきたりという固有性と、隣にいる人との関係性を、常識や通例という一人歩きする言葉で片づけてしまってはならない。わたしたちの隣にいる人は、一人の人間なのだ。

小咄を一つ。フランスに住むには、滞在許可書の更新が必要。一八区の移民局施設内で更新に伴う講習会を受けた際のことだ。当然、外国人、移民ばかりなので、講師はまず集まった人々に国籍をたずねる。イラン、ウクライナ、アルジェリア、カメルーン、日本……。わたしの隣の女性は、「わたしはパレスチナから来ました」とつぶやいた。すると講師は、「ようこそフランスへ、さぞかし大変でしたでしょう」と言い、教室にいる皆が彼女を拍手で迎えた。その時のわたしたち講習生それぞれには、自分たちだってここフランスでは移民であり、彼女が存在する背景《パレスチナ》に何かしたくてもすることが出来ないという分かりきった悔しさと共に、「今」というこの時を分かち合っているという想いがあって、彼女を拍手で迎えたのだと思う。

ある日、シリア人フルーティストのナイサムが、パレスチナ人の友人、アムロに会わせてくれた。彼は一昨々日、フランスに着いたばかりだという。パレスチナという国籍（パスポート）はどこにもない。だから、アムロはイランのパスポートでフランスに来ることができたそうだ。パスポートを取得して八年。パレスチナ難民としてレバノンに生をうけ、今フランスへ。アイデンティティを養う祖国とは何なのか。流浪の民としての運命。何も出来ないという無力感。しかし、せめて隣に座った人がパレスチナ人であればねぎらいたいと思う。それがたった数時間の時間の共有だとしても。この行為を、人は偽善と呼びはしないだろう。

ラマダンが始まった今日、月は新月、遠く西方に見える。一年のうち断食月の間は家族と過ごす時間が何よりも心の支えとなる。月と共に生き、天体への尊敬と憧憬をもった人々。普遍的な象徴を自然の中に見いだす人々が送る日々の営みを、愛おしく感じる。

> けれども、私は、親しい孤独な共感をもってそのアンドロメダ星雲を絶えず眺めつづけていた。というのも、ちょうど宇宙の鏡のなかに、私達の銀河星雲がそこに映っているようにそのアンドロメダ星雲のなかにも「孤独

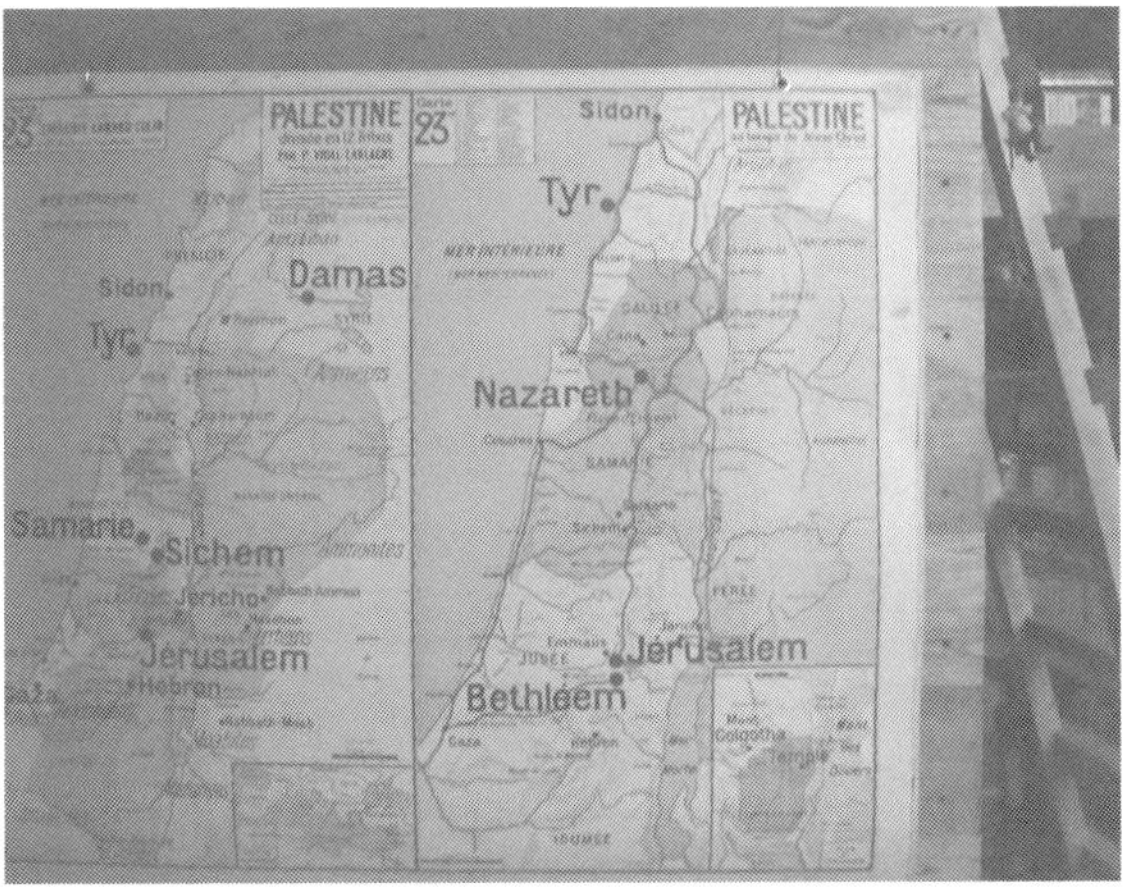

一九四七年以前の地図。現在イスラエルの地図にパレスチナの名は存在しない。

な共感をもった私と同じような何か」がいまのいまいて、それを眺めつづけている私をまた向こうからも眺めつづけ、この大宇宙のなかを主宰している真犯人についてまったく同じように考察しつづけているのではあるまいかと思ったからです。いってみれば、私はアンドロメダ星雲のなかの何ものかに或る種の双子性を覚えて、虚無のなかの孤独を忽ち乗り越えたところの宇宙のなかのひとりの共感者をまず持ち得たのですね。

（埴谷雄高『薄明のなかの思想』、ちくまぶっくす）

今日という日を宇宙の中にあるこの地球で生きる者が人類であるとすれば、月に足を乗せ、ある国の国旗を月に刺した者の意識とは何なのだろう。

イスラム教徒の人々へのレスペクト、ハマッチャへの詫びとして、あるいは水を何の躊躇もなく飲んだ昼間の痛手を自ら慰めるかの如く、わたしはこの日からラマダンを試みた。しかし、たったの二日で挫折。何故ラマダンをするのか、イスラム教とは何ぞや、と上辺だけの知識だけで何かしようものなら、この始末だ。レスペクトも何もあったものじゃない。一筋の宗教を遵守する彼らの前で、わたしの行動は、またしてもなんと愚かなものか。

そんなわたしの気持ちを汲んでか、ある日、歌い手のサラが自宅に招いてくれた。馬車に乗って一五分。世界遺産となったエッサウィラの、観光客が溢れるメディナ旧市街とは表情の違う、市井の人々の生活感が漂う街を歩き、彼の家に着いた。奥さんが支度する料理。娘さんも、娘さんの子どもも台所で腕をふるっている。「断食月中なのに、こんなに料理をこしらえるのか」。ラマダンの何かを知らぬがゆえに出てくる感慨。日没後の食事は、食べることで生きているわたしたちとって、かけがえのないもの。街で一人チョルバ（スープ）を啜る者もいるが、この時期はやはり家族で過ごすことが重視されるようだ。

空っぽの胃に食べ物を入れるには、まず山羊の乳とナツメヤシから。レストランではお目にかかれない手料理の盛りだくさんのごちそうに、断食さえまともにしていないわたしの食欲は、ムスリム以上。皿を重ね、テーブル一杯に次から次へとごちそうが運ばれてくる。わたしは彼の家族にとっては客人。砂漠の丘の家に呼んでくれたベルベルの吟遊詩人、アブダラの家でも、食事を作る女性たちはいっこうに台所から出て来なかった。夜を告げるアザーン。サラの合図で夕食が始まった。

土地に生きる言語

フランスという国は、植民地時代の宗主国としての立場から、あるいはそれに関係なくとも、各国にフランコフォニ＝言語共同体を主体とした機関を持っている。アンスティチュ・フラン

道を横断するロバ

セというフランス文化センターは、フランス政府が運営する、フランスという国の言語、文化、交流の一大宣伝機関。この機関からの招聘を受け、二〇一二年、フランス人（わたしは日本人だが…）一一名と、モロッコ人八人による約一ヶ月にわたる演奏生活を送った。リハーサルの拠点はハマッチャの本拠地、エッサウィラ。演奏は、エッサウィラから南下したアル・ジャディーダ El Jadida や、やはり海岸沿いのサフィ Safi でも行われた。

一九人＋スタッフを加えたバスは、両側が砂漠の道を数時間走る。ロバが道を横断すれば車を止める。車から降り、紙を敷いてメッカに向かって礼拝。一九時三〇分、会場に着く。日の入りを伝えるアザーンの一五分前の夕日が、引き潮の水面に映っている。全身黒い軽装版ブルカ（伝統的にイスラーム世界の都市で用いられる女性のヴェールの一種）でからだを覆った少女たちの水着姿。子どもたちが海からあがり、濡れた髪をそのままに帰路につく。今日最初の食事を迎える彼らに、「良い夕食を Bon Appétit !」とわたしが言えば、「僕らはイスラム教徒なのでラマダンの間は食事をしないよ！」という返事が返ってきた。何代にも渡って聖なる月と暮らしてきた人々の持つ誇りを、十歳になるかならないかの子どもたちを介して知ることになる。

ハマッチャたちとの会話はフランス語だが、フランス人が話すそれとは違う。わたしも彼らも母国語を別に持っている。わたしと彼らが会話する傍らでフランス人たちが笑い、わたしたちの話す言語は正しいフランス語ではないという。しかし環境と言葉との関係性を見失ってはいけない。言語は、その土地土地で姿形を変えて、生きる営みの中に柔軟に根を下ろすのだから。

明日演奏するアル・ジャディーダ El Jadida のモスクで詠唱するムエジン muezzin（礼拝の時間を呼びかける者）の声、淡々と月と共に生きてきた彼の声は、確信的なほどまっすぐな声だ。

禁止される音世界

断食月ラマダンの間は音楽を奏でてはいけないと認識していたが、どうやら陽が沈んだらいいようだ。リハーサルで最も苦心したのは、信心深いスーフィー教団の人々とどう折り合うかだった。敬虔であるが同時に大らかでもある彼らは、日中の練習を受け入れてくれたが、もちろん中には練習場に来ない者もいた。ましてや一年の中でもおそらく一番暑い夏の時期である。お互い

サウンドチェック

音楽家として接し、しかもアーティストインレジデンスという名目だから、彼らにとっては明らかにわたしたちと演奏することに儀式的意味はなく、あくまでも「パフォーマンス」としての音楽であった。もちろん教団の中では論争があっただろう。ラマダン中に、「西洋人」たちと、たとえそれが練習であろうと一緒に演奏をするのだから。だからこそ、リハーサルに参加する彼らに信仰という魂はなく、楽曲を難なく奏で終えるための練習となった。

この距離感はなんだろう。わたしの寂寞感の底にあるものは、彼らとわたしたちが捉える音世界の根源的な違いだろうか。彼らにとっての「音世界」の根源にあるものを探っていけば、武満徹のいう、生活と音楽の関係性にたどりつく。

わたしがケージから教わったことは、「生活」、つまり生きるということであり、音楽はとりもなおさず生活することと別に在るのではない、ということだった。この単純で自明とも思えることが随分と久しく忘れられていた。芸術と生活とは分離して、専門家は形骸化した方法論に拘《こだわ》り続けてきた。美学だけが先鋭に際立ち、音楽は、生きた音とは殆ど無関係に、紙の上のできごとに成りがちだった。（武満徹『遠い呼び声の彼方へ』、新潮社）

この武満の心象から、今目の前にいる楽士の鳴らす音に気持ちを寄せてみると、そこに真の純粋性が現れる。一人一人の人格からなる、「個」が際立つ音楽ではなく、名も無き楽士たちが空間の響きを錬金術的に、呪術的に操り、その場にいる人々を恍惚へと連れていく。「その場にいる人々」とは、この地で生活をする人々のこと。観光客はエキゾチックな雰囲気をもつ楽士を写真におさめ、甲高いライタの音に耳栓をし、録音機器で音を拾い、旅から持ち帰る。そういうわたしも今、その録音を聴きながら書き進めている。ベンヤミンのいうアウラ（ある人や物のあたりに漂っている独特の雰囲気）をヘッドフォンを通して客観的に聴く。感覚の回想。しかし、録音された音には触れることができない。

スーフィー教団ハマッチャの楽士とは?

神秘主義修行者が定期的に祈祷や生け贄祭などを行う集会がある。ヨラムがある日、ハマッチャの霊廟、ザウィラ（各スーフィー教団の修行の場）にメンバーを連れて来た。観光客らしき人々もまばらにみえる。回廊には絨毯が敷き詰められ、香が立ち込めはじめる。ハマッチャたちが回廊脇にある部屋に次々と入る。精神的かつ身体的な準備、そして楽器の準備のためだ。その時、わたしに手招きをする者がいた。その人と連れ立って部屋に入る。本来は、信者でもなく、ましてや女のわたしをこの部屋に入れることはないのだが、演奏者だから、とのこと。白砂糖がたっぷり入った薄荷茶をすする。ヘリーズ（釉薬を塗った陶器の筒の上方に山羊の皮を張った鼓。本章の扉の写真を参照）の皮を香を焚くための火鉢で温め、張りを確認する者。各々の口から出た煙が部屋に立ち込める。さて、いざ演奏の場へ出陣だ。

この集会は彼らの間ではハドラと呼ばれている[(7)]。厳密にいうとクルアーンの読誦、瞑想から始まる修行法であり、神への思念はやがて神秘体験としてトランス（忘我）状態に至る。これをズィクルと呼ぶが、わたしが演奏を共にしたエッサウィラのハマッチャ神秘主義教団は、地理的にグナワとの共通項も多く、修行集会自体をハドラと呼ぶ。グナワとは前述した通り。詠唱、そしてヘリーズという楽器を肩に乗せて叩く音が、まず立ち上がる。

ハマッチャの起源は、一六世紀に遡る。シディ・アリ・ベン・ハムドゥッチャ Sidi Ali Ben Hamdouch によってモロッコ西方の内地フェズ Fes で創設された。現在このスーフィー教団の名前は Hamadcha とも Hammacha とも表記され、統一されていない。ヨラムは Hmadcha とすることに決めた。フェズでは今でも定期的にハマッチャ・スーフィー教団合同祈祷会が行われている。さまざまなスーフィー教団の創設にみられるように、もと

二〇世紀エッサウィラのハマッチャを指導したアブデルカシー・ダバチ Abdelkachir Dabachi 氏

（7）ハドラ　ズィクルの反復されるテキスト、身体の律動、ジャンプ、屈伸による身体の昂揚、芳香による刺激的誘惑、楽器の演奏による儀式。

ザウィラでの儀式。楽士は絨毯の上で演奏。中庭では信徒たちが踊り出す

もとは人間が創った教団であるから、モロッコにおけるスーフィー教団の各名前は創設者の名前が用いられている。今では神秘主義としてでなく民間行事と捉えられる場合もあり、女性のハマッチャもいるそうだ。

エッサウィラのスーフィー教団ハマッチャの現在のまとめ役であり、最年長者であるベンナムがある日曜日、ハドラを行う霊廟を案内してくれた。地上部分は市松模様のタイルが一面に敷かれ、そこで踊りや牛の生け贄などが行われる。また回廊部に絨毯を敷き詰めて演奏も行われるが、その場合、聴く者たちはこの市松模様のタイルの上に坐って楽士たちの儀式を見学することになる。普通はヘリーズ、タリージャ共に五－六名、ライタ四名、太鼓四名による構成。踊り手は大勢いて、一般見学者も大切な儀式でない限りその輪に入れてもらえる。信者の間でいつハドラをするかが決められるが、日曜日の午後が多い。それ以外にも、友人などと茶をする感覚でこのザウィラに信者が集う。夕暮にはザウィラで焼きたてのパンにオリーブオイルを付けて食べ、だれかが薄荷茶を入れて皆に振る舞う。笑い声が響く夜八時。ハドラの際には街の人々も訪れ、二階には女性たちが茶菓子を持参で見学している。和やかな雰囲気。

イスラム神秘主義の世界は、すでに数多くの研究者によって日本でも紹介されているが、それぞれの国、地域によって解釈は異なるものの、ひとつの軸心をあげれば、予言者ムハンマドではなく、アッラー神の存在への謳歌、畏敬の念の表明ということになろうか。

ベンナムが教えてくれたエッサウィラのハマッチャたちの信条がある。

「涙は常にしょっぱい。それが喜びであろうとも、哀しみであろうとも」

彼らには修行者としての道と共に、もうひとつの役割があり、それは音による治療である。この世にはさまざまな形、方法での音による治療があるが、一概に「音楽療法」といっても、西欧世界で認識されているような「音楽療法」ではないようだ。ここでの療法とは、ある祈りの形なのだ。

音によるトランス

彼らは、ハドラはもとより、機会があるごとにザウィラで儀式を行う。その場に居合わせた者や信者が、ハマッチャの奏でる音によってトランス状態に陥るのを何度も見た。

ゆるやかに始まるヘリーズの太鼓の音と、サマーウと呼ばれる神秘主義スーフィー教団の詩の朗誦、ヘリーズより小ぶりの鼓、タリージャの音がそれに重なる。この時点ではまだモノリズムだ。リズムもテンポも穏やか。低音を支える大太鼓が基本のリズムをつくる。やがてライタが鳴りだす。次第に演奏者の躰が揺れ始め、霊廟全体が唸り始める。演奏者とは別に踊り手がいる。手をつなぎ、息と呼吸を吐きだす。時間の経過とともに躰の屈伸を深め、ジャンプし、足を前方に片方ずつ上げ、一列になって、あるいは円になって腕を組み始める。滴る汗、呼吸が荒くなる。絶えず香が焚かれ、叩くことによって太鼓の皮の張りが緩めば、火にあてて張りをだす。太鼓が打ち出すいくつものリズムが重なり合って、テンポが加速する。繰り返すリズムとメロディー。強烈なライタの音は、聴く者のからだの中にずんずんと入り込み、やがてトランスへと導く。

するとどうなるか。今では禁止となったが、ある時はナイフで躰を切りつけ、ある時は木の棒を数本付けたぬんちゃくで頭を打つ。投げ放ったタジン鍋で頭を打ちのめす。香を焚くための炉

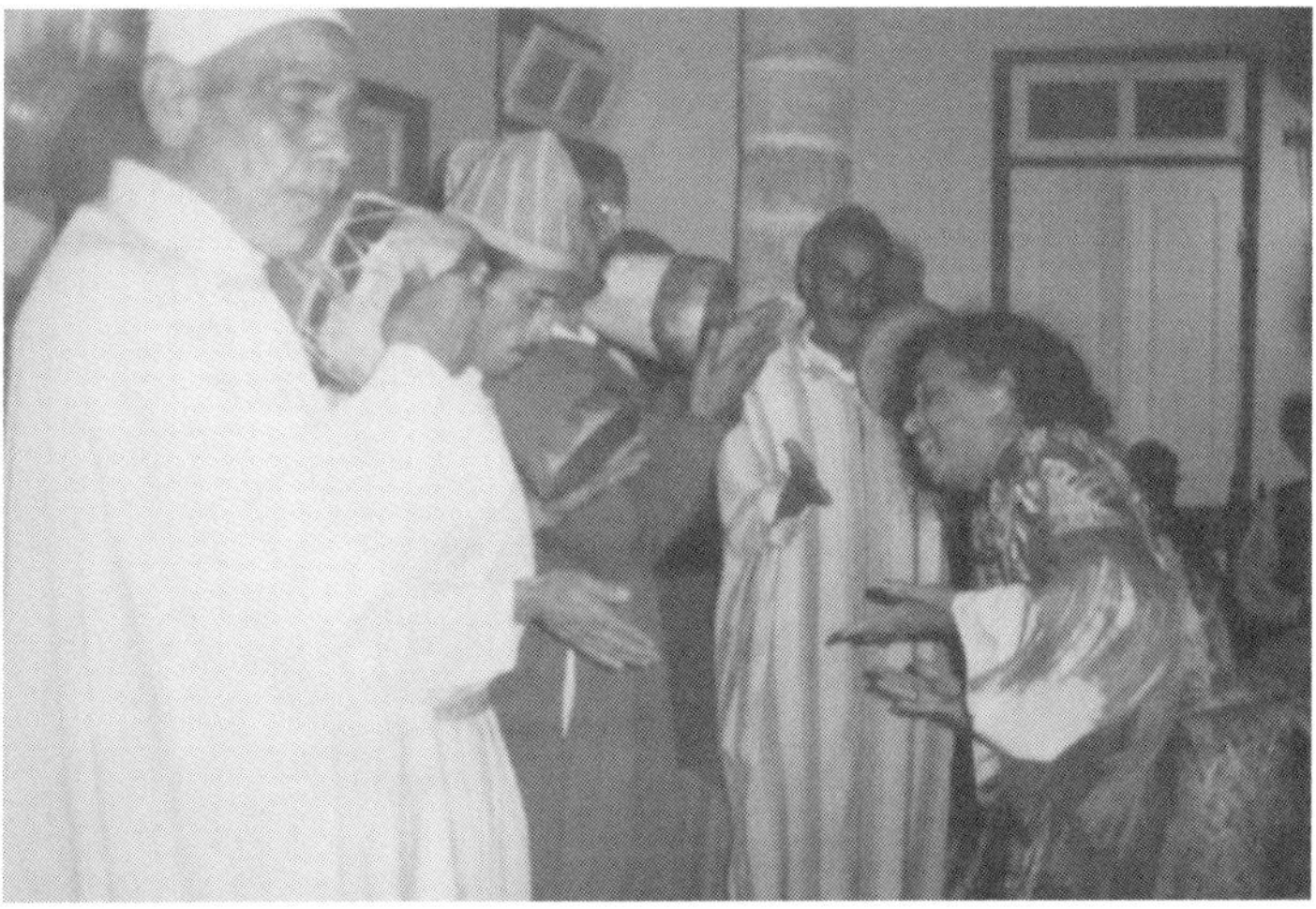

トランス状態にある女性

に足を入れ、火で炙る。ただれた足をなめるもう一人のトランス状態の者。舐めて、舐めて、舐め尽くす。傷痍を傷痍によって治療するのに、音が必要なのだ。以前はこのトランスによる自虐行為で、死亡率は二〇%にもなったという。

聴衆の目の前で自分の頭を器物でかち割る男。血だらけで白眼をむき、楽士の足下で悶絶する男。そばにいる者は、血だらけのこの男の頭の傷口におもむろにレモンの汁を垂らす。この行為を支える論理はおそらく「止血」だろうが、彼には滲みるという感覚はないから、論理が勝つ。非論理の論理？　感覚の話をするのに論理は必要なのか？

「二元性なんて、もうたくさんだ」

（アントナン・アルトー「手先と責苦」、『アルトー後期集成2』宇野邦一・鈴木創士監修、管啓次郎・大原宣久訳、河出書房新社）。

このカオスとなった空間に、時を超えてアルトーの魂が重なる。
《私は精神や、意識や、存在の、外にある状態を知っている、
それはもはや言葉も文字もない状態、
だがそこには、叫びと打撃によって入ってゆくことができる。
出てくるのはもはや音や意味ではない、
言葉でもない
身体だ。

叩きのめし、一発くれてやること、
言葉の問いも、理念の問いも、もはやけっして生じることのない、すさまじい炎の中で。
死ぬほど叩きのめし、一発くれてやること、顔にぶちまけてやること、それが私の知っている
最後の言語、最後の音楽だ。
そしてそこから身体が生じるということ

それは生きている身体だということは、誓ってもいい。》（アルトー、同）

目に見えぬ内的痛みはこうして外的痛みとなり、他者にさらけ出され、治癒へと向かう。トランス状態の本人にとって、人間の叡智といわれる知性や論理は意味を持たない。

なぜトランス状態になるのか？
彼個人は望んでトランス状態になるのではない。しかし、無意識下で心身はトランスによる治癒を待っている。

なぜ痛みを痛みと感じないのか？
感じられる痛みを治癒するために、渦巻く音の唸りに身を委ねる。

治癒とは、何なのか？

時間にして約一時間。ライタによるフェルマータ（拍子の運動の停止）、長い音が終わりを告げる。次第にリズムは失速し、フェイドアウト。辺りの空気の高揚も鎮まりだす。ザウィラ全体が吐息をもらす。

目の前にいる男は、論理の世界では「気違い」なのだろう。しかし、ザヴィラに集まって彼を見守る街の人々は、決して彼を好奇の眼では見ていない。淡々と、縹渺《ひょうばく》としたトランスから彼が戻るのを待っている。負傷した彼を手当する者たちは、トランスに陥る者と、それを見守る者との間にいる。そしてもう一人、ここには彼らにとっての神がいる。彼らは魂を慰撫するという意味でこの同じ時間軸を共有している。


「そのただの鞠を蹴ると、どうしてあれが現れるのじゃ」

「義清様、宿の神が降りてくるのは、ただ鞠ばかりによるのではございませぬ。鴨川の河原の時のように、石を叩くことによっても、また、鳴り物と呪によっても——」

「鳴り物？」

「鉦《かね》の音、笛の音」

「箏の音も？」

「はい」

「何故《なぜ》、そのような音に……」

「わたしも、宿の神のことについて、全《すべ》て知っているわけではございませぬ。知っていることはそのほんの一部にござります。どのような理《ことわり》によって、あれがこの現世《うつしよ》にたち現れてくるのかはわかりませぬが、愚考いたしまするに、ひとつには、呼吸にござりましょう」

「呼吸とな?」

「間《ま》と拍子《ひょうし》にござります」

「間、拍子?」

「繰り返し、繰り返し、鞠をあげること、石や鉦を叩くこと、楽の音を響かせること――その間と拍子の隙に、宿の神の御在《おわ》す社《やしろ》の扉が開くのやもしれませぬ……」

(夢枕獏『宿神』第二巻、朝日新聞出版)


時間や空間を超えて、なにか根源的に共通する事象があることを知ると、この地球に住む、宇宙の中にいる人間への慈しみを感じずにはいられない。こういった行為はおそらく世界各地にあるのだろう。個人的な経験としては、奈良の二月堂の修二会《しゅにえ》で行われる僧侶たちの悔過《けか》法要にハマッチャのそれを重ねた。人は、人であるからには痛みを内包し、その痛みの先に懺悔がある。

悔過のとき、僧尼がみだりに哀音を発し、蕩逸高叫するのを禁じているが、このようなエクスタシーの状態が、わざわざ夜間を選んで修せられる薬師悔過のさい、暗く重苦しい圧迫感をもってのしかかってくる御霊の祟りを排除しようとして、宗教的情熱のあまり、爆発的に出現したのであろうことは想像に難くない。それは、下って十世紀に、空也がはじめたと

奈良二月堂　お水取り

伝称され、十三世紀に一遍によって継承された踊念仏が、死霊のなす災いを排除しようとする宗教的情熱の高潮によって、自然に発現したエクスタシーの一変形であったのと、同じ現象と考えることができるであろう。

（中野玄三『悔過の芸術』、法蔵館）

あなたにとっての神、わたしにとっての神、といった次元ではない、それぞれの人の内にある何かは、儀式や行為というかたちで表出され、赦しを乞うのだ。

ところで、わたし自身が経験したトランスのことを書こう。それはハマッチャとの演奏中に起こった。前述のアル・ジャディーダでの野外演奏でのことだ。背中からは海風を受け、目の前には何万人という人々。わたしのすぐ横にはライタの名手ゲンブリック。曲の中盤あたり、一番前に陣取っている十代の女の子が髪を振り乱し始め、しだいに眼がうつろになってきた。傍らで母親がそれに動じず、トランス状態の彼女が転ばないように見守っている。

わたしはといえば、サックスを吹きながら躰が小刻みに震えだし、短髪ゆえに女の子のようにはいかぬが頭を振り始めた。下半身は屈伸運動を始め、口からは涎が出ている。しまいにはサックスを吹きながら回転し始めたのだ。一列目にパーカッション、二列目にヨラムのコントラバスとジャン・フランソワのエレクトロ楽器、三列目に管楽器隊とライタ。わたしは一メートル近い台の上に乗っていて、気は朦朧。何回か回ったあと、右隣のサックス奏者のフローランがわたしの腕をつかんだ。そこで我に返ったという次第だ。


こういった儀式の最中に鳴る音を録音という方法で記録することは難しい。その瞬間を回想するという意味での録音は可能だろう。すでに体験した音のふるえにまた触れたい、という想いで聴くための録音としては。現にインターネット上では、携帯電話や録画機器で撮影されたものが数多くある。しかしヘリーズやライタといった楽器の組み合わせでは、ひとつの録音物として聴くには、マイクの設定位置や音圧のバランス調整が極めて難しい。人間の耳は、目の前で鳴る音を内耳の中でミキシングしてしまう聴覚操作に長けていると思う。

ライタと呼ばれる楽器は、もともとはササーン朝期のペルシアで軍楽隊が使用したもの。日本ではチャルメラの名で通っている。その音ときたら、初めて聴く者には耳を塞ぎたくなるものかもしれない。実際に、ザウィラでのハマッチャの演奏を聴きに来ていた外国人見学者は、耳をあからさまに塞いでいた。当のわたしも、音圧を調整する耳栓をしていた。ところが、耳が慣れてくると鼓膜の震えに快感を覚えた。この音の圧力とふるえが、トランスへの鍵となる。音の震えが確実に身体の中まで届き響く感覚。こういった現象を、わたしはまだ録音物で味わったことがない。

目の前で繰り広げられるコンサートと、録音。矛盾しているかもしれないが、しかしながら録音という技術によってわたしたちは音楽と共に時間軸を旅する。

日本の音世界にある「間」の味わい方にまごまごするのと同じく、ライタの音に耳を塞ぐ者は、その場で鳴っている音に単にどぎまぎするだけのこと。音との出会いは、そんなに深く考えなくてもいいのだと思う。立ち会った儀式の中で音が鳴った瞬間、目の前で繰り広げられているその世界におのずと何かがあるというだけのこと。

ハマッチャの音楽は、始源的な意味での音楽だ。そこにアウラは存在する。約四百年前から、精神的ないたわりのための儀式として行われてきた音による治療、現在《いま》でいう「精神安定剤」としての音世界がここにある。

ウードも弾くベンナム

スーフィーになるという選択

前述のベンナムに、どうしてスーフィー教団に入団したのかと尋ねてみた。答えは単純、「ザウィラの隣に住んでいたから」とのこと。「母親のお腹にいた頃からハマッチャたちの奏でる音を聴いていた僕の遊び場はザウィラであり、彼らの生き方が人の生きる人生であって、それだけのことです」。小さな世界かもしれない。しかし何を「小さい」とするのか。その「小さい」世界で生きることに疑問を抱かず、スーフィーとして生きる彼の眼は真剣だ。大人になってからは俳優業や、アラブ・アンダルース（八世紀から一五世紀、イスラム支配下だったスペイン・アンダルシア地方の音楽がレコンキスタによって北アフリカへ渡り、残った音楽様式。先住人、ユダヤ人、アラブ人など混血音楽でもある）の一員となり、その後、バス会社で働き、定年を迎えた。彼の人生にはスーフィーとしての誇りがある。

彼らは認識論・知識論などの御託を並べず、肉体を通じて本質的な悟性的認識を行っている。その対象となるのはあくまで「神」なのだが、原理的にいうところの「神」とは少し距離をおき、彼らの場合は神を「身体の魂」とする考えがある。

自己と神、という二元的対立があってはならないとすることである。神とは別に自己を定立することは、自己を神から独立の存在と認めることであり、そのような自己が神の唯一性を告白しても、そこには真の唯一性（一体性）はない。それは自我を〈消滅〉させ、無にすることによってしか実現しない。スーフィーはこれを〈ファナー〉（自我消滅）と呼ぶ。

（シャイフ・ハーレド・ベントゥネス『スーフィズム　イスラムの心』中村廣治郎訳、「訳者解説」、岩波書店）

魂が音に憑依するのか、音が魂に憑依するのか。いずれにせよ、音がからだと魂を喚起し、あるいは身体機能に音は呼応し、この相対関係の中で結びついた儀式、それが彼らの行う「ハドラ」なのだ。昔から連綿とつづくこれらの儀式は今も彼らの日常生活に欠かせないものであり、時間の流れの中に名を残す音楽家としてではなく、名もなき楽士として今日も淡々と演奏する。

ラマダン日没後の演奏。Place Moulay Hassan 広場。聴衆は待ってましたとばかりの熱気

演奏者と聴衆の距離

その後も、ハマッチャたちと演奏する機会に恵まれ、パリではアラブ世界研究所や、パリ郊外にある元パスティス工場を市が改装したアニス・グラ（Anis Gras はパスティスの銘柄）でのアーティストインレジデンス、コンサートを開催した。

もちろんフランスでの演奏はエッサウィラのそれとは違う。人々の反応や空間の震えは、演奏者と聴衆の距離と状況に比例していることがわかった。エッサウィラのムレイ・ハッサン Moulay Hassan 広場での街の人々のための演奏（決してフェスティバルという名のイベントではない）、アル・ジャディーダでの何万人を前にした演奏。聴衆はおもいおもいに頭を振り、立ちながら手拍子を叩く。あるいはアニス・グラの小さな会場にこもる熱気。これらの場所で起こった演奏者と聴衆の共振。唯一、会場の震えを感じられなかった場所がアラブ世界研究所だ。パリ左岸にあるこの施設は、アラブ文化を紹介する目的で、アラブ諸国からの多大な寄付金によって建てられた。舞台は観客があがることができない高さ。客席はルノー車の皮のシートでできているという から納得した。わたしたちの演奏自体が問題であったという自己批判は必要だとしても、コンフォータブルな高級車のシートに座る者にとって、演奏者が鳴らす音の震えは、ここでは無意味だった。聴く側の身体的条件が会場全体の雰囲気をつくりあげるということを、この時知った。

一つまた小咄を。パリ八区にあるコンサートホール、サル・プレイエル Salle Pleyel——クラシック音楽の殿堂で、近年は多くの分野に開かれた演奏会場だ（二〇一五年現在、閉館）。ここには幾度となく通い、クラシック音楽の深淵を淵から淵まで聴く体験をした。その日の演奏者はマリを代表する歌手、サリフ・ケイタ。以前、サックス奏者ジョン・ゾーンが迷彩柄のズボンでこの会場で演奏した時、クラシック・ブルジョワジーの象徴であるこのホールを軽くかわし、気にも止めぬその姿に爽快感ゆえの笑みが絶えなかったことがあるが、この日もサリフが言い放った言葉に思わず笑ってしまった。「座って聴いているのかい？　聴く気あるのかい？　前の方に聴きに来ないのなら俺は帰るよ！」。サル・プレイエルの舞台と客席の間にある距離は、演奏する者と聴く者との間に国境を作る。一九世紀に建てられ、クラシック音楽の演奏が主であるこのホールに来る聴衆はブルジョワの人々、現にわたしの隣にはサリフ・ケイタの言葉にあっけに取られた年配のカップルが座っている。彼のかけ声によって舞台も会場もヒートアップ。サリフを聴く目的で来ているファンは、ここぞとばかりに舞台前方へ向かった。こういった出来事の交わりが、今起こっていることなのだ。

アシュラ・喜捨

ムスリム世界では、実践が基本的な役割を果たす。真のムスリムを証明するのは規律である。

その実践は、「イスラムの五柱」と呼ばれる五つの部分から成っている。最初が信仰告白（シャハーダ）で、それは神の唯一性と予言者ムハンマドが伝えるメッセージを承認し、それを告白することである。次が、太陽の動きに合わせて行なわれる、一日五回の礼拝（サラート）である。次にラマダーン月の断食がくる。それは陰暦の月（二九日か三〇日）で、年とともに移動し、二五年ごとに四つの季節を一巡する。第四の柱が喜捨（ザカート）で、第五がメッカ巡礼（ハッジ）である。（シャイフ・ハーレド・ベントゥネス、前掲書）

ヨラムの情熱という賜物のおかげでハマッチャと演奏する機会に恵まれ、前述したモロッコでのアーティストインレジデンスを共にしたＡＲＢＦ（反ゴム製脳製造工場）のメンバーは、自分たちが出来ることとして、演奏のためにフランスにやってきたハマッチャたちを空港へ迎えにいき、一緒に時間を過ごし、パリでの滞在をサポートした。この年はちょうど一週間後にアシュラを控えており、故郷で待つ子供たちにお土産を探しにいくというのでパリを案内。そこは決してパリの中心街ではなく、パリの北、バルベス。七〇年代に出稼ぎで来たマグレブの人々にとってこの街はシャンゼリゼだ。いざ、子どもと奥さんたちへのお土産の物色へ。

羊の頭の丸焼きが並ぶハラル **Halal** の肉屋。一日五回ある祈りのための携帯絨毯（メッカの方角を示すミニ方位磁針付き！）が店頭に並ぶ。グットドール通りのカフェからは水パイプの芳香が漂う。道すがら、アシュラの祭りについて、歌い手であり敬虔なムスリムでもあるサラが話してくれた。

イスラム暦の新年から数えて十日目、モロッコではアシュラが始まる。アシュラとはアラブ数字の十という意味。アシュラの日の喜捨では、富を得た者が前年の年間利益のうち十％（地域による）を物乞いの人々に渡すことになっていて、道端や商店などで施しが行われる。イスラム暦では毎年少しずつ日がずれ、例えば農作物の収穫の時期がアシュラにあたる年は、野菜などの現物で喜捨が行われたりする。国家一員の義務としてではなく、自己に課すこの姿勢。そこに宗教性をみるかどうかは別にしても、イスラム教のこの喜捨の精神の清々しさ――共同体としてのウンマ、隣にいる者、目の前にいる者へ手を差し伸べる――これこそ人類の共同体としての姿ではなかろうか。

イスラームでは金をじっとさせたものから出てくる利子は、ヘドロのようなものである、と考える。イスラームが利子を禁じたのは、イスラームの勃興期に、利子をとることによって暴利をむさぼる者がおおく、それによって貧富の差が、ますますひろがるという社会状況にあったからだといわれている。コーランに、「アッラーは、商売をおゆるしになった。しかし、利息と利子は、禁じたもうた。」とある。（片倉もとこ『「移動文化」考』、日本経済新聞社）

日本でもかつて、乞食と呼ばれた人々に村人たちは食べ物を与え、軒下を貸した。生活に余力のある者、学がある者、農家…それぞれにできることをしたのだろう。明治政府は壬申戸籍という制度をつくったが、後に徴兵制度にも絡んでくるこの制度以前、江戸と明治の狭間を長野は伊那で生きた井上井月（一八二二年、長岡藩に生まれる。江戸時代から明治にかけ、時勢の変化に流されるも、一貫して俳句を詠み続けた放浪の俳人）。乞食井月と呼ばれた彼の人生を想う。句を詠み、施しを乞う。放浪する先々の、村という共同体の中にあって、人々は井月の生を受け入れてきた。明治前の世界にあった、人々のこうした共生の姿に、現在ではみられなくなったたゆたうそれぞれの生の尊厳を見る思いがする。国民国家Nation Stateの誕生以来、わたしたちはあたかも国籍という制度が人の同一性に与るという発想に縛られてきたのではないか。しかしその実、国Nationというものが法的、政治的な意味合いを持っていることをどこかに置き忘れてはいないだろうか。土地や風土といった各々が置かれた異なる状況に応じて変化する同一性。さまざまな主体が存在し、その主体自体はたとえシステムの中に組み込まれたとしても、重心を変え、状況との相対的な関係の中で余白を見つけながら、生きることができるはずだ。

それは仮説的に想定された同一性の静的な外延によって限定され、他から区別される人々の集団などではなく、共時的な場において統一的な図式をよりどころとして、ひとつの過程に参加する人々の常に変わり行く布置としてかんがえられることになるだろう。しかしその図式そのものは共時的な変異を生みだすひとつの運動体として存在しているのである。

（渡辺公三『西欧の眼』、言叢社）

だれかの手によって操作される制度や社会。民主主義をスローガンに、しかし本来の民主主義とは全員が参加してはじめて成り立つものであるにもかかわらず、イデオロギーが一人走りする現実。すべてのことは、ミクロの単位で、今目の前にいる人やものとあなたとの間で関係づけられているはずだ。

資本主義は、集団としての人間に、自然からの解放をなしとげさせた。ところが、この集団は、前に自然が演じていた抑圧の役割を受けついで、こんどはそれを個人に対しふるうようになった。物質的な面でも、このことは事実である。火や水など、こういう自然の諸力を、集団はその手ににぎった。そこで、問題は、社会がかちとったこの解放を個人に及ぼして行くことができるかということだ。

（シモーヌ・ヴェイユ『重力と恩寵』田辺保訳、ちくま学芸文庫）

資本主義というシステムが生みだす出来事に対しての懐疑は、すでになされている。

このアシュラの祭り、イスラム教宗派の中でもさまざまな捉え方がある。例えば、スンニ派のアシュラは潔斎を重視し、シーア派では殉教追悼行事として行われる。モロッコの穏やかな祭りと比べると、熱狂的儀式の中で自虐行為を行う信者の姿に観る者は慄くだろう。ひとつの教えは時間やさまざまな土地を経て変容する。

タリージャ

割るための太鼓

モロッコのアシュラではタリージャという太鼓が街中に遍在するが、エッサウィラではこの日は子どもたちのタリージャ・デビューの日でもある。タリージャとは素焼きの筒で、高さ二〇センチを限度とし、直径一〇センチの上方部分に山羊の皮を張って、同時に糸も張る。そうすることによって、《ビリビリ》というさわりの音が鳴り響く仕組みだ。

旧市街メディナは、子どもたちのためのタリージャを売る人たちで溢れる。市場にいるお父さんお母さんはタリージャ選びに余念がない。一見どれも同じに見えるが、ひとつひとつ叩いて鳴りのいいものを選んでいる。買ってもらったタリージャを片手に、街のいたるところで子どもたちがそれを叩く。

ベンナムに連れられ、旧市街メディナの外にある孤児院を訪ねた時のこと。ハマッチャとは別

タリージャを手に持つ子ども

のスーフィー教団アイサワの楽士が、アシュラの日に奉仕として演奏をしていた。子どもや施設のスタッフ、近所の女たちが楽士を囲んでいる。その後方には、机の上に数十個のタリージャが並び、山ほどのお菓子が置いてある。演奏の興が乗り始めると、子どもたちはなんでもないかのように踊り始め、ある女の子は長い髪を逆さに振り回している。五歳になるかならないかの少女は、すでにトランスへの心身の持って行き方を知っているようだ。お粧《めか》しした幼女たちは、小さなタリージャを手にきちんとリズムを刻んでいる。アシュラのリズムというのがあって、こうして子どもの頃から自分たちの生きる土地にあるリズムを、特別な音楽としてではなく身につけていく。それで

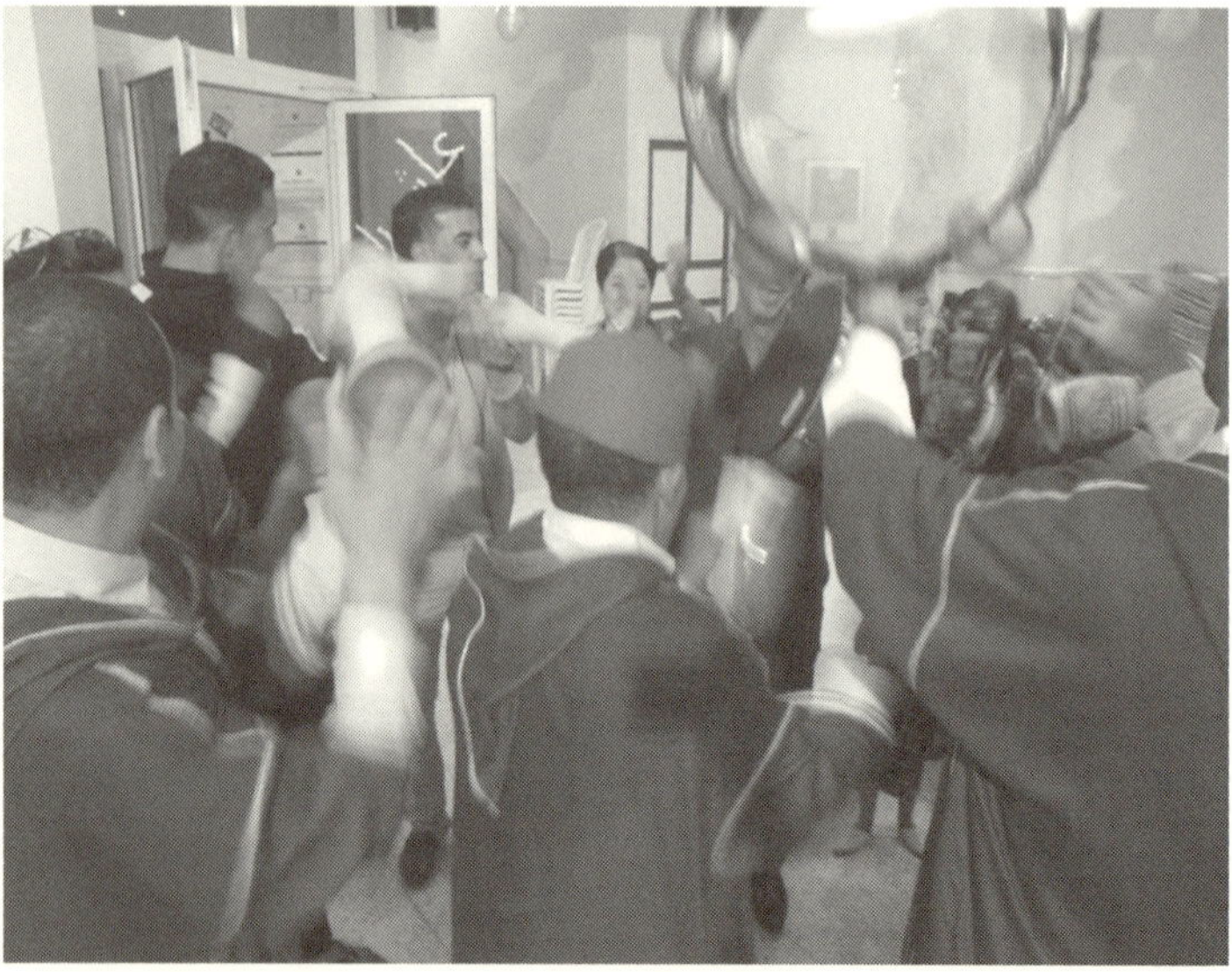

アイサワの楽士が演奏しだしたとたん、女性も子どもも興奮状態で踊り出した

も最近は、道端で叩く子どもも減ってきたそうだ。

イザ・ジェニニ Izza Génini の作品、「tambour battant（一九九九年）」というドキュメンタリー映画に、期間限定の内職でタリージャを造る女性たちの姿が出てくる。女たちが作り、絵付けをする何万個という楽器。しかし陶器でできたその脆い太鼓は、その日のうちに割られる。再生を繰り返すという認識のもとで、彼女たちはアシュラの日のためにタリージャを造るのだ。

もともとは宗教的な行為としてあったアシュラは、地理的条件や、融合という人々の交わりの結果、世俗的な行事となった。こういった習慣が、括弧付きの「文化遺産」という称号が付けられるのを待つのではなく、祖先からずっとこの地の風土にもとづく音の鳴る行事として続けられてきた。その間ずっと、人々は太鼓を割ってきたのだ。それだけのこと。しかし、それだけのことが今もまだこの地に残っている。

さりとて太鼓をなぜ割るのかという疑問は残る。ただ、その理由を言葉を連ねて分析したところでどうなる？　割るということの意味を探したところでどうする？　タリージャを作り、割る人々を目の前に、今はここで留まっていよう。

こういう感覚的な何かに心をゆだねるのも悪くない。分析とは、自分の研究のためにその出来事を手中におさめることではなく、相手を理解するためにあるはずだ。観る者と観られる者。各々の間にある差異の認識とは、そしてその間に生まれる学問とは、生きるという実践によって常に生かされるべきものではないだろうか。

> スーフィーの道において、最大の愚行は慢心である。その知の力を発見し、それを個人的目的に利用する人の慢心である。それは大きな危険である。そのような能力を獲得した人は他人を支配し、利用することができる。この道においては、謙虚さが義務であり、それは本性とならなければならない。というのは、人間の主要な敵は自我だからである。
>
> （シャイフ・ハーレド・ベントゥネス、前掲書）

冬—立冬—

葬送に寄り添うおんなたち

日本：五知

黄昏の影絵になりし冬の山

Montagne d'hiver
Le crépuscule devient
Un tableau d'ombres

裏白《うらじろ》が群生している山の入り口。円空さんが彫った仏様三体が、墓地横の薬師堂に佇んでいる。上五知（三重県志摩市磯部町）という名の集落は昔、お伊勢参りの後、必ず朝熊山の金剛證寺へ参る「岳《たけ》参り」が行われていた頃、多くの人で賑わったという。

里に住む人々、海と山のあいだで生きる人々は古今、この地にひっそりと生きるものたちと同類であるという無意識の認識のもと、「岳参り」に行く人々を季節と共に迎えては送ってきた。詠歌を添えて。宗教の根源にある部分に、歌で触れてきたのだ。

袱紗から道具を取りだし、膝の前にひとつずつ並べる。皺々の手で振鈴を持ち、撞木《しゅもく》を小さく打つ。山に響く、竹ではない本物の獅子脅しの音。それでも最近は鹿やら猿が畑を荒らしているそうだ。経本折りになった詠歌集を詠吟する御歳九三歳の姿。わたしの記憶が蘇る。陽の暮れはじめる縁側。釜で火を焚き、風呂を沸かしてくれた時の匂い。農業で子どもたちを育て、孫も育てたその老媼は、月に一度、下五知にある寺の住職のもとで集落の仲間と一緒にご詠歌の練習をしている。鈴《りん》の響きが消える中、ご詠歌の世界に身を沈めるその姿に宇宙をみた。我が子を亡くした者、この地に生きた家族、あるいはこの地に帰ることのなかった魂に寄り添う者たち。そういった女たちの歌を聴きたい。歌の中に佇んでみたい。わたしは一緒に演奏できぬものかと彼女に尋ねた。

最年長は九八歳、最年少は五六歳あたりだろうか。腰が直角に曲がっているのは、暇のない畑仕事の証。集落唯一の寺、福寿寺には、平家の落人が流れ着いたということで、当時の旗が今も桐の箱に眠っているそうな。堂に集まる女たちの当惑した表情。振鈴と撞木以外の楽器が、唄と共に鳴ることの意味を探している。

福寿寺に集まった御詠歌を唱う女性たち

村という共同体の中で生きること――それは時に心地よいしがらみであり、時に逃遁を促すしがらみ。大きな世界を必要としないこの地には、それだけがあり、それだけの中で流れる時間がある。その時間の中で過ごすひとりひとりの人生を知る村の女たちは、ある者の人生が終わる時、和讃や詠歌に加えて、その人が辿った人生を詠み添える。この共同体の中にいるからこそ、言葉に意味を添えることができるのだ。
葬送という儀礼に寄り添う歌――彼女たちの練習

する姿を見、声を聴き、詠歌の節回しを感じる。一緒に演奏したいとは言ったものの、御詠歌として成り立って数百年、この吟詠に足すものなどない。しかしこの地に祖先を持つわたしは、この地の女たちと共に、この地で音を鳴らすことに魂の回帰を感じ、興奮を覚える。ここにいる九三歳の老媼は、わたしの祖母だ。

演奏当日。誰かが亡くなったわけではなく、入場料を払う演奏会でもない。それでも村の人々は続々と寺に集まってきた。住職と女性たちが詠むご詠歌は、梅花流詠讃歌の中から三宝和讃、紫雲ほか七つの和讃。共に演奏するフランス人演奏家たちに詩の内容を説明する。福寿寺の住職、水谷氏は演奏会が始まる前、一神教 monotheism の直線的な巡礼と比べて東洋のそれは、あちらの仏さん、こちらの観音さん、というように円周的な動きであると語った。井上靖の『星と祭』の一節を取り上げ、巡礼としての詠歌のことも。愛情や哀しみは、時に表現を必要とするのだという。唱うことは表現となり、亡き人の魂と残された者の魂に触れる。

ここに今日集って共に唱う女性たちは、いずれは訪れる死に対して彼女たちのできる方法で向き合ってきた。五知、恵理原、穴川といった集落から来た二〇名ほどの女性たちが、お堂の中程に整列し、わたしたち外から来た演奏者が彼女たちを囲む。土地に住む人々は、生の延長の中でやってきたこの出来事を、快く迎え入れてくれた。円空さんが、あるいは市井の巡礼者たちがこの地を訪れ、村の人々に迎えられ、仏像を残したというのは、こういうことなのかもしれない。

この集落の家の軒を借り、畳一枚を借り、また旅立ったように、人々はこの里山を訪れ、この地を後にし、人生のプロセスの中でそこに居たことを糧に明日を迎える。こうやって、風土と、そこを行き交う人たちと共に、この地域の人々は生きてきたのだろう。

鈴の音と同時に、女たちのご詠歌が始まった。新たに楽曲をつくるのではなく、すでに何百年と唱われてきたご詠歌に寄り添う音。それは、人々がここに居るということのあらわれにほかならない。大きな世界にむけて発する音楽でも、コラボレーションといわれる方法でもない。そもそも彼女たちは歌を生業とする人々ではない。豊かな大地と空の間で生き、時の流れの節目節目に唱ってきた。彼女たちが唱うその場に、聴く者ひとりひとりが居合わせる。そうすることでエネルギーが同期し、それが音楽になる。ここに居合わせることが、結果として、ある音世界を作っているのだ。

福寿寺の住職も、当時の老媼たちも、この集落にはもういない。祖母も、生まれ育った土地を離れて、別の土地を終の住処としている。彼女は、ひとりの農婦として、土に触れることができないことほど辛いことはない、という。土地を育てる喜び、土地に育ててもらう喜び。いつかは離ればなれになるこの世の条理と向き合う時、ご詠歌は彼女たちと共にあった。

女たちの細い声が、彼女たちが生きたあの山々にいまだに響いている。

冬―冬至―

進化を必要としない楽器

エジプト―福島

国境を越へ照らしをり冬の月

Traverse et éclaire
Toutes les frontières
Petite lune d'hiver

進歩と変容――ウードという楽器を語る時、この楽器が生まれてこのかた何百年、何千年、進歩しなかった、その潔さに触れないわけにはいかない。演奏者と製造者の好奇心によって加えられたわずかな変容は、棹の長さが古典楽器としては六〇センチのところ、現在は五七センチにとどまる、この三センチの中にある。

ウードのふるえ

ウードOudという楽器は世紀を超えて、人や時間のそばで空気を震わせてきた。大袈裟なものいいだろうか。形（フォーム）、音色（サウンド）、理（リーズン）、そのどれをとっても始源から変わることなく、この楽器は今の今まで進化を必要としてこなかった。

まだ音を聴いたことのない人に、この楽器をどのように説明しようか。琵琶のような、あるいはリュートのような楽器、とでも言おうか。撥弦楽器の祖であるウードは、西洋音楽世界のめくるめく台頭をもおおらかに包み込んでしまう。

あなたはこの楽器の音を直接聴いたことがあるだろうか。You TubeやCDといった音媒体ではなく、演奏者を目の前にして聴いたことがあるだろうか。もし聴いたことがないとすれば、おそらくこの楽器が生まれた遠い地に生きる人々の声をも直接には聞いたことがないはずだ。ウー

エジプト・カイロのウード製造販売店

レバノン・ベイルートのウード製造者 Albert Mansour 氏

ドという楽器が鳴る時、その共鳴胴となる半卵形のボディーは、同じ空間にいる者にしか響かない。録音技術が発達し、あらゆる機材を駆使して音環境を整えたとしても、そのわずかな震えはわたしたちのからだの中ではたして共振するだろうか。

わたしがこの楽器の音色を初めて聴いたのは、二七歳の時。その前に、武満徹によって琵琶という楽器の存在を知ったのが、中学生の頃と記憶する。この楽器のもつ視覚的な形（フォーム）の印象が強く残った。

ある時、ウードという楽器と共演する機会が訪れた。共演者がステージに上がる。相手がどんな楽器を演奏するのかわからない。ソフトケースから出された楽器の一音が発せられる前に、形を見て過去の記憶が蘇った。ある種の親近感。

楽器から音が放たれる。微分音を含んだ旋律がからだの中に潜り込む。なのに微分音の何かもわからぬサックス奏者のわたしは、ウードの即興の語りかけに応えることができない。ステージに演奏者は二人だけ。一騎打ちとなった。息を吹き込む楽器と、指で撥じく楽器。空気を震わす方法の違い。異なる素材の音が現れて、音が交わる。ウードの音が単音で空気と交わり、その震えが聴く者のからだに届き、共振する。

アラブ世界で生まれたこの繊細な楽器が、演奏次第で乱暴な存在にもなりかねないサックスという単細胞な楽器と交わることはできるだろうか。音を鳴らすことはできるだろう。しかし、音の核が共鳴すること、それは容易なことではない。容易でないという認識のもとで、わたしたちは謙虚に共演する者の楽器への理解をはじめる。ウードとサックス。今この世で起こっている、宗教という名を対立の原因としている情勢の縮図を見ているようだ。音量で捲し立てるのか、平均律というシステムで小さな世界を覆ってしまうのか。アラブ音楽の要である旋法マカームから生まれる微分音のなんたるかも学ばず、あるいは狭窄であるという認識をどこかに置いて、己の音を主張し続けるのか。それでもウードは孤独に世界を震わす。ウードとは、アラビア語で樹という意味をもつ。

聴こえる音、聴こえない音

またもや無謀なアイデアが浮かぶ。日本での演奏を始めた頃、日本にもウードを演奏をする人がいるはずだ、という確信を持った。いろいろと探ってみた結果、常味裕司さんという、日本でのウード演奏の第一人者に辿り着いた。彼が出演している演奏会場のオーナーに連絡先を尋ねる。パリから電話をかけた。何度目かでつながる。会ったことも話したこともない人へ事情を話す。その結果、この年、フランス人ウード奏者ヤン・ピタールとの共演が実現することになった。海の物とも山の物ともつかないわたしの申し出をよくぞ快諾してくださったと今更ながらに思う。

ウード奏者、ヤン・ピタール
(photo : Hadrien Ricol)

リハーサルを数回する中、彼が持っているチュニジアのナイ Nay という楽器を頂いた(葦に穴を開けた楽器。国や地方によってマウスピースの有無がある。転調楽器ではないので、演奏の際は各調の Nay を持つ。基本的に演奏者自身で制作する。ナイ Nay はアラビア語、トルコ語ではネイ Ney となる)。ナイは、施法音楽であるアラブ音楽の楽曲を演奏するのに、またアラブ音楽の即興演奏、タクスィームを奏でるのに必要な施法の知識と、施法上にある微分音の存在をからだになじませるために有効な楽器だ。吹く楽器を奏でるわたしへの、常味さんの音楽的な配慮だったのかもしれない。

楽器の持っている特性をネガティブに捉え、西洋の楽器では微分音は出せないと匙を投げるのは容易い。しかし、共に演奏する者を目の前にして、不可能だと言い放ち、可能性に挑戦しないことほど愚かなことはない。メトロの中や、宴の後で、あるいは道端で楽器を奏でる者と突発的に演奏を試みる時、演奏したいという興奮が不可能を可能にする。

しかし、わたしが一音を出した瞬間、彼らはその一音の音程を否定する。次の一音を出したいのに出させてくれない。まずは彼らが奏でる楽器とわたしの楽器の音程を合わせることから始める。そこに観客がいようがいまいが関係ない。合うまで何時間だってチューニングをする。こういった経験は、いわゆる民族楽器と呼ばれる楽器奏者との間では頻繁に起こる。

それは、平均律を基準にした楽器と純正律のそれとの間に生まれる差異だろう。この感覚を言葉でどう表現すればいいか。音程のズレがからだを歪める、あるいは、音のズレをそのままからだに入れ込むことが出来ない、とでも言おうか。単なる運指でズレを埋めることはできない。聴くことでしか解決できないのだ。ズレを意識した時は、まず自分の出す音を放棄する。今まで使ってきた口角の筋肉、アンブシュア（楽器を吹く時の口の形およびその機能）の記憶を一掃する。一旦ズレをからだの中に入れて、からだ全体で相手の出す音を聴き、その音を想像し、息を吹き込む。すると、ズレたパズルはすっぽりはまる。次の瞬間には音楽がはじまっている。こういう経験を通じて、自分が奏でることのできる音への懐疑と、奏でることのできない音への挑戦が始まる。その時にようやく、音楽で対話をする資格を得ることができるのだ。

常味さんにいただいたNayは、音が出るまでに一年かかった。

ルバーブ奏者とネイ Ney を吹く著者（左）

ある日、近くに住む洗濯屋の主人が、店番の合間にNayを演奏していた。彼は奥さんと共にフランスへ辿り着いたイランからの移民だそうだ。背景にあるのは、イスラーム過激派によるハラーム（イスラム法学で決定される禁止事項）であることは容易に想像できる。わたしもNayを持つ身になったので、自然と彼がNayの演奏家であることに興味がわき、何度か教えを乞うた。そのうち、週末に演奏があるから聴きにこないか、と誘われた。場所はシテドゥラミュージック Cité de la musique（一九九五年に建てられた音楽博物館とコンサートホール、教育機関が入った国営の複合施設）。確固とした伝統音楽を洗濯屋の主人が紹介するコンサート——こういった、椅子からズッコケそうな事象にフランスではたびたび出くわす。

当初、微分音を聴き取ることができなかったわたしは、まぐれにまかせ、適当にサックスで微分音らしき音響を真似ていた。優れた演奏家は、そんな表面だけの演奏をすぐに見やぶる。彼らとの次の演奏の機会はあるだろうか。実際、音楽を奏でる者との関係性とは、そういうものなのだ。幸いに好奇心が次の機会をつくってくれることもあるが、しかし好奇心だけではどうにもならない場合もある。だから、演奏者は練習をする。

ウードとの出会いは人との出会いとなり、二〇一〇年、今やアラブ音楽世界を代表する演奏家で歌手でもあるムスタファ・サイードのコンサートをパリで企画した。当時ウマル・ハイヤームの叙情詩「ルバイヤート」を唱い、録音した彼は、この時点でバシャール政権下のエジプト政府から疎まれていた。というのも、一一世紀ペルシャの学者であり詩人のウマル・ハイヤームによって書かれた四行詩の内容は、戒律を重んじるイスラム教のそれよりは、自然の中にある法則に則ったものであったからだ。

ムスタファはカイロにあるウードハウスという音楽院で学業を修め、レバノンの大学で教鞭を執っていた。エジプト国籍の人がフランスへの渡航ヴィザを入手するのはただでさえ困難という状況の中で、大学でのシンポジウムのために来仏した彼の演奏をわたしはどうしても生で聴きたかった。ムスタファを紹介してくれた前述のウード奏者ヤンは、彼との出会いをこう回想する。

カイロにあるウード学院で合同演奏があったんだ。十何人の優秀なウード奏者が舞台に坐って演奏していた。次々と即興、タクスィームの出番が回ってきて、みな一様に、より早い指さばきで、よりダイナミックな演奏をしていた。だけど、白目を剥いた男の子は、彼らのそれとは真逆だったんだ。耳を澄まさなければ聴こえないような繊細な音。一音一音をマカーム（アラブ音楽における施法の体系。あるいは音階）で奏で紡いでいく彼の音世界にすっかり引き込まれてしまった。演奏後、舞台袖に駆けつけてブラボーと伝えたよ。

ムスタファ・サイード（CD ジャケット）

この情景、手に取るようにわかる。他の誰かとの比較の中で演奏するのではない。音がたゆたう空間は何を求めているのか。同じ空間の中にいる聴衆へ耳を傾ける演奏者は、自我を越えた音の行方を見つめる——それが演奏者たる者だ。

ヤンとムスタファとの間に音楽的友情が生まれ、さらに出会いの点は線となる。その数年前に常味裕司さんも、ムスタファの演奏をエジプトで聴いたという。「二十代になったばかりのムスタファの演奏技術に驚いた」と常味さんはいう。ウードを介した邂逅を出来事にできぬものかと考え、二〇一〇年の冬、彼を日本に招聘した。わたしはレバノンでの演奏の際、ムスタファと再会し、日本での演奏の可能性について彼の意見を聞いていた。在レバノン日本大使館に渡航に必要な書類に関して問い合わせる。もろもろの準備は整い、彼は演奏以外に、日本の音楽大学で講義をすることにもなった。

国立音楽大学では小林緑さんと横井雅子さんにお世話になり、東京芸術大学では東洋音楽学会の定例研究会として、学会員である早稲田みなこさんの協力のもと、「ウードを通して知るアラブ音楽」というレクチャーコンサートを日本の音大生の前で行った。学びの場にいる音大生を目の前に、ムスタファはまず基本の基本、聴き覚えを促し、会場にいる全員と微分音を聴き、聴こえた音を歌う試みをした。聴こえない音は歌えない。これは決定的。音が聴こえない？　音は聴こえている。しかし平均律に慣れた耳には聴こえないのだ。だから、歌うことも奏でることもできない。今やエジプトでもレバノンでも、普通の生活の中で微分音を聴き取れる人は減っている、

国立音楽大学での演奏（写真＝横井雅子氏提供）

とムスタファはいう。画一的な音世界になろうとしている、と。

見える音、見えない音

目の世界が唯一の「客観的な」世界であるという偏見が、われわれの世界にあるからだ。われわれの文明はまずなによりも〝目の文明〟、目に依存する文明だ。このような「目の独裁」からすべての感覚を解き放つこと。世界をきく。世界をかぐ。世界を味わう。世界にふれる。これだけのことによっても、世界の奥行きはまるでかわってくるはずだ。（真木悠介『気流の鳴る音』、ちくま学芸文庫）

ツアー中盤、初めての日本での演奏で、ムスタファは風邪をひいてしまった。かかりつけの鍼灸師に薬ではない治療の方法を聞く。ホテルで生姜湯やレモンと蜂蜜たっぷりのお湯を用意し、介抱する。きついスケジュールを組んだわたしの責任だ。しかし、彼は演奏家としてのプロ根性で、からだをだましだましながらツアーに付いてきてくれる。

ムスタファは、眼が見えない盲目の演奏者だ。彼の兄も盲目で、その理由は、彼らの両親が第四次中東戦争の際、シナイ半島でイスラエル軍の爆撃を受けたことにある。当時はまだ、劣化ウラン弾は使用されていないと言われていた。しかし実際は、使用されていたのだ。両親は被曝し、傷ついた遺伝子が父親から息子たちへと受け継がれた。生まれながらにして盲目の兄弟。ムスタファの兄の子供もやはり盲目だという。わたしの右肩に乗せて歩く彼の手は、発熱ゆえ熱い。ただでさえ一人で歩くことのできない彼の不安が、肩を通してわたしのからだにも伝わってくる。次の移動場所へと向かう車の中。助手席に座るわたしの肩に、後部座席から手がかかる。

「What's happened? Why are you so sad?」。

こころが震えた。「あなた、わたしの表情も見えないのに、この瞬間なぜそれがわかるの?」。疲労に反省、そしてなぜ悲しかったかはわからないが、こころが萎んでいた。真実の眼はすべてを見ていた。

エジプト革命――福島

日本での演奏を終えた後、すぐさま、エジプトであの革命（二〇一一年一月に起こった大規模な反政府デモの結果、当時のムバーラク大統領が辞任に至った革命。アラブ世界で巻き起こった一連の変革、「アラブの春」のうちの一つ）が起こった。レバノンにいるはずのムスタファがタハリール広場にいると連絡が入る。なんてことだ。友人たちが手となり足となったとしても、伝えられる情報によれば、とても盲目の人間がいられる状況ではない。革命の中心の場となったタハリール広場で、彼はウードを奏で、歌った。ＢＢＣアラビア語放送でもその映像が流れて、わたしは彼が歌う姿と安否を確認した。しかし次の日には、警察による射撃で腕を怪我した、という連絡が入る。まさに体を張った行動だった。幸い演奏に支障をきたすほどではなかったが、痛みが伴うという。

事はそれだけで終わらなかった。二〇一一年三月一一日、それはムスタファの誕生日。日本にいるわたしに方々から連絡が入り、数日後、ムスタファの昂揚する声を聞いた。あんなに好きな日本という国が、なんということになってしまったのか、と彼は嘆く。地下鉄の点字、地面の視覚障害者用誘導ブロックに感動し、高田馬場にある視覚障害者支援機器販売店に出向き、色判別機や腕時計にはしゃいでいた彼の姿を思いだす。

パリに戻り、電話でムスタファと話した後、彼の覚悟は決まった。どうしても日本で演奏したい、福島で演奏したい、という。当時は誰もが被災者に連帯の思いを抱いていたが、しかしものごとの整理もつかない状況下で、被災地に赴くことの難儀——物理的な困難ではなく、人の気持ちを汲んだ時にあらわれる配慮と壁。第一、わたしは福島の人を一人だって知らない。

ムスタファにあるのは純粋性だけ。演奏したいという彼の衝動が、純粋なのだ。誰のために？　誰のためでもない。何のために？　こういった理由は、純粋な衝動を目の前にしたら無意味。エジプトで起こったこと、そして福島で起こったこと。両親の被曝によって盲目になった彼に、なぜ福島で演奏したいのかという質問は意味をもたない。ムスタファの思いを日本の知り合いに伝えた。彼の演奏を知っている人たちに伝えた。すると、何度も何度も不可能の境地に立たされてもまた、わずかな可能性がやってくる。決して安くはない渡航費。渡航ヴィザは、この際だから言おう、わたしの全責任で家族訪問として申請した。住民票を取り寄せ、銀行へ残高証明を取りに行く。招聘理由の手紙、ムスタファの給料明細、身元保証人証書を、発行期日ギリギリのため、Fedexに閉店前の一七時に投函した。二週間後、新宿の街を歩くわたしの携帯電話に、無事彼の査証が発行された、と外務省を通し、在レバノン日本大使館から連絡が入る。

　その後、ムスタファ来日のサポートメンバーとなる人々と顔を合わせ、ヴィザ発行確認ができるまで公にはしないと話し合った。たった四日間の日本滞在に、飯舘村の人々が避難していた飯野町、それに南相馬市、そして東京の三ヵ所での演奏の機会を探しだしてくださった、言叢社という出版社の編集者、五十嵐芳子さんと島亭さん。前年の来日の際、大学でレクチャーコンサートの場を提供してくださった立命館大学の渡辺公三さん。飯野町を守る五大院というお寺に集まった誰もが疲労困憊。初めての土地、初めて会う人々を前に、ムスタファがおもむろにウードを

福島・飯野町で演奏するムスタファ

ムスタファと芸大の学生たち（福島・飯野町）

ムスタファと著者（福島・南相馬海岸にて）

弾き始める。声が祈りとなった瞬間だった。

　五大院の小さな寺には、その前年レクチャーコンサートに参加した芸大生が東京から駆けつけて来た。演奏が終わり、畳の上で楽器を片付けるムスタファに、アラブ音楽の教えを乞う彼らの姿。そして彼らに無償の時間、技術、アラブ音楽の哲学の教えを捧げるムスタファの姿。今彼らは、遠い距離を経て、目の前で生の実践をしているのだ。与えれば与えるほど溢れ出る音楽への愛は、こうして次の世代に受け継がれて行く。

　五大院を守る町の女性たちが、菜食主義者であるムスタファにできるかぎりのもてなしをしてくれた。山盛りになった野菜の天ぷらを頬張るムスタファ。漬け物にご飯。生きる上で根源的な食べものという存在でさえ懐疑しなければならなくなっている今のわたしたちの生活。今後、わたしたちの生活はどこを彷徨うことになるのだろうか。

南相馬から東京に戻る。東京駅ではディズニーランドの土産袋を持った中学生たちが、わたしたちと入れ違いに新幹線に乗り込む。おそらく福島の地に戻るのだろう。夕方になってネオンの光が溢れ出す。なんというカオス！　会場でのセッティングがあるから、ホテルを往復している時間はない。疲労が極限に来たムスタファは、演奏会場にあったグランドピアノの上で横になる。会場の責任者が来ないことを祈った。小さな楽屋で身支度を手伝い、一八時三〇分開場。ホールには人が溢れて立錐の余地もない。ムスタファの通訳をお願いした山本薫さん。福島へ同行し、手弁当で対談相手になってくださった西谷修さん。来場した学生、若者たちは、椅子を年配の方に譲り、ムスタファを囲んで地べたに座る。ムスタファの演奏が始まった。衝動が音となって会場を震わす。ムスタファの演奏に呼応するように、背広姿で地べたに座っていた駐日チュニジア大使館のスタッフがおもむろに、「エル・サラーム（アラビア語で平和の意）」と呟いた。その時、ここにいる、アラビア語を知らないわたしたちは、確かにこの言葉を聞いた。それはムスタファの祈りに呼応する、言葉と音が一体になった瞬間だった。

ウードの魅惑的な音色と旋律、響きは、この楽器の震えの中にある。ウードの歴史を辿ると、演奏者が求めた改良に楽器職人が応えてくれた結果として、この楽器が今ここにあることがわかる。この場合の進化とは、科学的な進化ではなく、奏者がもつ好奇心を起源にする変容と言うべきであろう。

ムスタファ、あなたはどこからきたのですか?

今日という日の中で、わたしたちは歴史になり、音は歴史を越え、名もなき時間、名もなき場所に漂う。音楽とは、そう、宇宙を巡り、今日という日において、わたしたちの周辺で震えているもののことなのだ。

新年

今日を生きるための祈り

日本：安乗

初凪の海に贈りて三番叟

Jour de l'an sans vagues
Danse de marionnettes
Offerte à la mer

船乗りの男たちが、神楽に使う楽器を手に、浜にむかう。着慣れぬ和装に草履。村の長老らしき男が大事に抱える木箱。

正月二日、めでたい晴天。この小さい岬に肩を寄せ合って暮らす人々の、連綿と続く歳月は今日、ここにある。

海の神さんへ

伊勢志摩にある安乗という村には、安乗文楽と呼ばれる四百年ほど続く人形芝居があるそうな。由縁は歴史に尋ねてもらうとして、大事なのは、この地の人々によって、こういった行事が村の神事となり、心の拠り所となっているということ。

栄枯盛衰、虚無に満ちあふれた娑婆において、大きな世界を何とも思わぬ小さな世界の強さを身をもって知っている、この村の人々。それは海の神さん、山の神さんの間で謙虚に生きる彼らの姿から見て取れる。いやむしろ、せまる海、せまる地に押されるようにして成った岬の、決して豊かではない土地で生きる彼らの生活にとって、その地勢は絶対的なものだ。

何望むでもなく、しかしこの村の人々は、ただただ天下泰平、村中安全、大漁万作、五穀成就を祈ってきた。村唯一の神社の下の、太平洋岸にあるニワの浜には、村の旦那衆や袴姿の子らの姿。

鳴りものは鼓ふたつに笛ひとつ。たどたどしくも野趣に富む音色。これは人に聴かせる音楽ではない。海の神さんへ捧げる音。海に向かって祝詞をあげ、いざ舞となる。道中、木箱の中身を旦那に何かと尋ねるも、「知らぬほうがいいものよ」と、けたけた笑いながらの返答。

新年の陽を浴びるために、人形たちが箱から出される。一番に千歳、二番に翁、そして三番叟。合わせて式三番とし、誰にでも何にでもなく、海に向かって奏で舞う姿は、根源的な祈りの形に他ならない。

ニワの浜に舞う三番叟

男たちが笛を吹き、鼓を打ちはじめる。付け焼き刃であることは明らか。海を相手にする労働の合間の、余興としての練習。ここに鳴る鼓や笛の音は、国立能楽堂で聴くような代物ではない。それでいい。漁師の何々さんが、隠居の何々さんが見よう見まねで奏でる。儀式が終わったら、舌をだして「まあな、練習足りんわなあ」と笑う姿。

働く女の姿

山々からのめぐみである水が海に辿り着くという、当たり前の豊かさ。海女たちが朝八時過ぎに軽トラックに乗って漁場へ向かう。遠浅の海の先にはすでに潜っている海女の姿が見える。人と人との関係だけが共同なのではない。「この土地に生きてなんぼよ、さすればここに在るものみなと生きようものよ」という心意気。迷信的な儀式に思われるであろう式三番は、だから海に向かって舞う。人間のためではない。目の前に広がる海へ、せまりくる海へ。あちらとこちら、海を結界、境目としているのは明らかだ。

この村のおんなたちの姿は、いつも労働と共にある。彼女たちのつくる鯖の塩辛。これは八月にあがったばかりの真鯖を、土用の日に粗塩だけで発酵させる簡素なもの。発酵好きには箸の止まらぬ旨さだ。十歳にもならない子どもの頃のわたしも、自分で瓶からよそって食べたもの。子どもの舌には塩気が強いので、酢に浸してから食べる。発酵の強さゆえに唇は白く、舌もざらざらになってしまう。だけど、食べるのを止められない。こういった食品は、今では店頭やインターネットの世界で買えるようになった。しかし本来、鯖の塩辛を食べるということは、それを作る人の座敷にあがるということだった。

土地がないゆえ稲を作ることの代わりに芋類を育て、サツマイモを干して食す。白芋の茎をぬか漬けにすれば芋茎《ずいき》ができる。手をかければ自給自足が可能な地。ここに生きる彼らを前にして、わたしは観察者でしかない。地と人との関係に易々と介入はできないし、してはいけない。彼らが培った関係は、脈々と繰り返される季節と共に歩む彼らの姿の中にある。

それは「土地の期待に応えること」だ。土地の許しを得、土地の期待に応え、土地への祈りを何世代にもわたってくりかえすことで、人はその土地の一部になる。

（菅啓次郎『狼が連れだって走る月』、河出文庫）

移り変わる季節の中で生きること。海辺に鳴り響く笛と鼓の音は消えても、音楽の記憶は残る。今日食すものがあり、海穏やかな、しかしそれ以外に何もない生きるという営みが、伊勢志摩は安乗という漁村にはある。

エピローグ

冬の雨音は言葉に寄り添ひて

Pluie d'hiver
Son des gouttes qui se serrent
Au côté des mots

音による治癒の実体験

二〇一五年新年七日。

目標を新たに身も心も引き締め、少しの昂揚を携えて、まだ音符のない五線譜にこれから生まれる音を想像する。自宅ではちょうどピアニストとのリハーサルの最中。生みの苦しみをわかち、同時に、音を鳴らす喜びを一緒に味わえる演奏者とのひと時。

この練習中に事件は起こり、何時間後かにはレパビュリック広場に向けて歩いていた。感情自身が彷徨いたかったから。世界で一分一秒ごとに起こっていることを俯瞰すれば、今日もどこかで人は生まれ、死に、その瞬間に人は立会っている。だから、パリという街でジャーナリストが銃撃されて亡くなったことを、内戦で亡くなった人たち、上空からの他国の攻撃によって亡くなった子どもたちと比較することに意味はない。眼の前にあるのは、死という冷厳な事実。どんな死もだれかにとっては悲しい事実であり、それは普遍的なこと。死という事実は、人類の叡智とよばれる摩訶不思議な世界を前にしても相変わらず不動である。しかし、それでいて、フランスという国の民が死ぬのにはたえられなく、他国の人が死んでも眼をつむるという現実。この感情移入の差。バスチーユにあるラジオ局での録音に居合わせた諷刺イラストレーター、カビュ

Cabuは、シャルリー・エブド紙で筆をふるった一人。彼の爽快で、ユーモアのある皮肉な画風とその人柄、スタジオ内で大好きなジャズを語った彼は、しかしもう居ない。身近な者の死と、そうでない死。決定的な喪失感。わたしたちの心は、死そのものの前では決して器用に振舞えない。パリに住む人々は、何も言わずに自然発生的に歩いた。「何かわからない感情」に促され、わからないまま、同じような感情をもつ人間の流れに歩く方向をまかせ、あるいは流れに触れるために歩いた。

事件が起きたその週末の土曜日には、鉛筆やらプラカードやらを持った人々が街に溢れた。自由を、連帯を……。わたしはそれらの人々とは逆の方向へ向かい、映画館で一人、時間を過ごした。前日、毎週金曜日に演奏をするレストランでの出来事に、「何かわからない感情」を解く鍵がありそうだ。それは一種の消化に似た作用なのかもしれない。

人前での演奏中に、サックスを吹きながらわたしは泣いていた。あるいは泣くことを隠すために吹いていた。眼鏡の縁に溜まった涙は、一粒一粒、サックスに触れる指へ垂れ落ちる。「何かわからない感情」は音になり、五、六人しかいない客の耳に届いただろうか。一緒に演奏する共演者にその感情は滴り落ちただろうか。だれにも届いていない音は確実に消えた。そして音楽は続いた。

これは、音による治癒という体験である。生まれ出る音と連帯することで、感情の高ぶりが、震える畏れが、言葉にできぬ何かが、毛穴から音と共に出ていった。音を奏でるということの内と外を繋げる何かが……。

だれかと交換する

忘れがたい思い出がある。和歌山の山中、空海が高野山を開創する際に神領を寄進したと伝えられるこの地の神様、丹生都比売《にうつひめ》神を祀る神社で、「奉納演奏をしたい」と宮司に懇願した日のこと。演奏後、自分の畑の畦で採ったという花の束を新聞紙に包んでわたしたちに持って来てくれた農家の人がいた。

「畑仕事していたら、音楽が聴こえてきたもんでさ」

わたしが奏で、あなたがそれを聴いた。野花は、わたしとあなたを繋ぐ供物のよう。それはお金ではなく、物＝自然からの贈物。わたしの音楽ももしかしたら、里に響くことで贈物になったのかもしれない。ただ、ここでいう音楽は、「わたし」という一人称を優に越えている。ここで演奏した音楽は、「ここ」だから鳴った音。こうやって、花と音はこの地で循環する。

この地とは、高野山から天野へ行く途中の一山越えた里山。車を使わず足で歩く。南海電鉄高野線、下古沢の駅で降り、畑仕事をする集落の人に土地の名前を尋ねれば、

「あの山越えたら天野だ。でも、あっちのほうの雲行きがあやしいな。降るかもしれんぞ」
山を越えた天野の里には、陶芸家の森岡さんがいる。距離はおよそ三キロ。まあ三〇分かな、とおろしたてのベージュの革靴で歩き出す。ひとりぼっちの山道で聴こえてくるのは、山を成す樹々、樹々を包む空気、その空気を吸うすべてのものたちの音。

里の中に佇むものみなの吐息を聞いているのが、一番の至福の時。蛇の抜け殻に後ずさり。その先に動く物体をみつければひとりでわめき、立ち止まってしまう。ここは覚悟を決めて一人で歩いていくしかない。一歩進むごとに、今ここにいるという感覚が得られる。自然の中にいることの至福感は、何ものにも代え難い。やっとのことで着いた山頂でネイNayを吹く。音が立ち上がる。本当にこの瞬間に音が生まれたという感覚だ。ややオカルト的な表現だが、こういう自然の世界は共時性をもっていると思う。この地球をとりまく世界で、人々は互いの関係性の中に存在を見いだし、たゆたってきた。

本質は自意識から自由になった透明な意識によってこそみいだされる。とするとその透明な意識とは何か。それを阿頼耶識《あらやしき》としてとらえた。この阿頼耶識は、個人が形成したものではなく、あるいは個人に内蔵されているものではなく、すべて結びあう世界がもっている「意識」である。

（内山節「民衆の伝統的な世界観について——その死生観と動物たち」、生きとし生きるもの

展カタログから、ヴァンジ彫刻庭園美術館）

音を奏で、紡ぎ、放つのに、時として具体的な目的はない。それは衝動であり、この衝動が突き動かして生まれ出る音は生 la vie の中にある。それは人間のもつ、あるいは自然のもつ摂理なのかもしれないが、いずれにせよ、この世界はふるえと共に在るということのようだ。

音楽で食っていけるのですか？

銀行員や政治家、あらゆる職業に就く人々へ、「あなたはそれで食っていけるのですか？」という質問をする人はいるだろうか。演奏者はことごとく「食っていけるのか？」という問いにさらされている。有名な演奏家は別として。少なくともこの質問はわたしにとっては日常だ。往々にしてその問いかけは、プロの音楽家であることが社会にとっての演奏家だということを示している。プロであるかないかが、演奏家自身への問いかけとなるからくり。

では、プロの演奏家とは何だろう。ある人はいう、仕事として一〇〇パーセント音楽に携わっていなければプロではない、と。音楽以外の仕事をした時点でプロの音楽家を名乗ってはいけない。わたしの経験をいえば、今まで従事した仕事をあげると両指で数えるのでは足りないほど。もちろん演奏をしながらだ。それでも、どんな時でも演奏することを生活の中心から外したことはない。音楽だけでは食えないから、音楽とは関係のない仕事をするのか？　答えは、はい Oui であり、いいえ Non である。今日食べるものがなければどんなことをしてでもその糧を得る。人が聞いたらきっと「そんなことまでして」と思うような仕事もした。しかしものごとは時に単純に捉えることができる。それは、状況に応じて訪れる物事に反応するかしないか、ということだ。するという行為の先には多様な出会い、多様な世界がある。それらを経験することにより、やがてひとりの人間の中に多様性が生まれる。今起こっていることは一秒先の未来になる。経験は肯定される。

わたしにとってプロの演奏者とは、演奏が行われているその空間、そしてその空間で演奏を聴いている人々と共に時間を共有しているという意識がある人のこと。へたな演奏にうんざりして席を立つ人もいれば、義理で最後まで聴く人だっている。パリの道端で演奏した際は、そういった反応は明らかだった。それでも、やや大袈裟かもしれないが、演奏をするその瞬間、演奏者は命がけだと思う。心地よい緊張と、音を鳴らしたいという衝動が交わる時、演奏者は本当に真剣に演奏する。

友人であるベンガルのバオル Baul（インド・ベンガル地方に住むカースト外の身分で、町や村を転々として、歌い、踊ることを修行とする人たち）＝吟遊詩人は、地元ベンガルで、あるいはメキシコで何万人という聴衆をその声で恍惚の世界へ連れて行く。ギメ美術館（フランス国立東洋美術館。収集家エミール・ギメの名に由来する。美術館内ではコンサートや講演が頻繁に行われている）では、インテリ相手にスーフィズムの神秘の深淵を声で垣間見させる。しかし、電車の中で物乞い同然に音を奏で、右手を差し出し、報酬を乞うこともある。パリ郊外の友人宅の一室を借りて寝ている彼。楽士の人生とはなんとも変幻自在。核にあるのは、「生きている＝演奏する」という、ただそれだけの事実だ。バオルとは「風を探す」という意味だと彼は教えてくれた。

拾う音

まあるい地球のどこかで誰かが奏でる音、遠い場所で奏でられる音をパソコンの画面で観て聴く。少し前まで月を垂直的方向で見つめながら音楽を奏でた人たちは、今水平的に世界に音を放っている。あるいは放っているとは気づかずに演奏しているのだろう。わたしたちは今、世界に在る音を買った時代から拾う時代への移行の中で音を聴いている。そういう意味では音楽は確かに共配されているのかもしれない、インターネットという武器の前では。これらの音楽は商品ではない。発する者、そして拾った者が自発的にそこからまた発信し、人に渡り、音は旅をする。

今までたくさんのサックス奏者や演奏者に教えを乞うてきた。そのたびに、彼らからたくさんのことを学んだ。同様に音楽を研究する多くの人々からも学んだ。民族音楽学者小泉文夫氏の『音楽の根源にあるもの』(平凡社ライブラリー)は、わたしにとってのバイブルだ。この本を前にしては、わたしが綴る文章など、経験を楯にした戯言でしかないだろう。しかし、聴くという経験、演奏するという経験、この積み重ねが演奏者を支えてくれることもあるのだ。経験は演奏者それぞれの独創性を生む可能性の基盤だとわたしは信じている。独創性・オリジナリティというよりは、確固たる音の核が生まれると表現したほうがしっくりくるかもしれない。特に即興演奏・インプロヴィゼーションと呼ばれる世界ではそうだ。ジャズにおいては、演奏者それぞれが経験する音世界との邂逅が、変容を経てきたジャズそのものであり、節目節目にそれがアップデートされているといえるだろう。演奏者と研究者はもっと連帯することができるはずだ。なぜなら、わたしたちはお互いに音の世界に魅せられた者としての純粋性を持っているはずだから。奏でる者も、聴く者も、そして音楽を研究する者も、わたしたちが生きているこの空間にある音を拾いながら、音に近づく。

バラフォン奏者のムッサ・ヘマは目下、バンフォラにバラフォンの手ほどきをする学校、そして kaba-kô のメンバーが次世代を育てられるような音楽の学校の設立を構想している。学校というよりは、寺小屋のようなものかもしれない。若い世代がバンフォラという地に残る音の欠片を拾えるように。

エッサウィラのグナウィであるマァーレム・セデックは、自身のゲンブリをつくる工房の壁に、「グナワ大学」と大いにアイロニーを込めた看板をかけている。夜な夜なグナワ音楽の何かを学

マァーレム・セデックの工房「グナワ大学」

び、それを受け継ぐ者は、彼と彼の元に集まる演奏家が繰り広げる音の世界に居合わせることで、音を拾い、一人前の演奏者となり、この工房から巣立つ。師は学ぶ者から金は受け取らない。音に触れる者との間で行なわれる音の交感は、こうして奏者の間で無限に交換される。

楽器と生きものたち

マルミミゾウの象牙を使う三味線のバチ。カルバス（瓢箪）はパーカッションの胴体に。ウード奏者が使う鳥の羽。わたしが使うサックスのリードは葦でできている。もちろんこれらのすべてにおいてプラスチック製の物もある。楽器を構成する物質と演奏者との関わりに、生きものたちの生があることに喜びを感じる。まったくの無から人間が音の世界をつくりだした、などということはない。声という楽器は例外といえるかもしれないが。

彼らはそれと同時に、これらの動物に宿る精霊たちの重みも背負うことになる。これらの精霊は、悔恨のように、あるいはザールが憑依者たちの身体に棲みつくように、彼らの中に棲みつきにやって来るのである。

（ミシェル・レリス『幻のアフリカ』岡谷公二・田中淳一・高橋達明訳、平凡社）

ヘレーズの、山羊の毛が残る鼓の皮。弦楽器では内臓の皮を縫って弦にする。角はピックに。あるいはムッサがパスポートに大事にしまう、薄い地蜘蛛の巣。音を奏でるために、物《オブジェ》となるこれらの生物の存在に気づく人間の意識。こういった意識の前で、わたしたちは今この瞬間、手にして使っているモノとどのように向き合うことができるだろうか。

音の発酵作用

チュニジアのステージで起こったこと。あるドラマーが舞台の上で匙を投げてしまった。演奏を止め退場してしまったのだ。チュニジアという土地に生きるミュージシャンが打つリズムがわからなかったのだ。何のための演奏会で、何のためのリハーサルだったのか。ワールドミュージックと呼ばれる音楽を、真に知るべき時代にわたしたちはいるのではないだろうか。自己の経験を一旦捨て去り、目の前に鳴る音と向かい合うこと。音の粒を楽譜に変換し、分析を理解のために行い、からだに取り入れる。そして書き取った五線譜上の音符を、ふたたび実存する音の粒に戻すこと。今を生きる演奏者は、練習という毎日を過ごしながらこうして音がからだの中で発酵されるのを待つ。わたしの発する音が、共演者あるいは空間にある音と交わるには、わたしという存在は最小でいい。

音の微生物が空気中にただよっているとする。楽器に息を吹き込み音が生まれる瞬間、音はまっすぐに聴き手のからだに届くのか、あるいは空気中にあるそれを捕まえながら、誰かの耳へと届くのか。もし音が届いたならば、その音はそれぞれの聴き手のからだの中で、音の菌として生殖し、今またこの瞬間に聴く音と交わる。それらはいつか音の記憶となり、記憶はアップデートされながら、それぞれの音体験をつくる。

音を奏でる人間と自然（地球）との根源的な関係があるところでは、音楽の機能《ファンクション》は進化を求めない。しかし、演奏者は楽器と向かいあうとき、常に自分自身の演奏に対して進化を求める。演奏をするということは、自分自身のからだや精神と向かいあうことだ。この世界にある音そのもの、音の周辺にある事象に触れた演奏者は、経験の発酵過程を経て、今日また生まれる音を放つ。

曼荼羅的音の世界

食の中に宇宙をみつめる者。曼荼羅の全体性とその一点を理解すること。詩に託す者。伝達を司り、純粋性の中に物事の核を見いだすこと。発見をする者。それを現世の存在価値とし、後世への想像を託すこと。

この本に登場する音の世界にいる人々は、ある愛の形として、身体を通して音を放っている。音のある風景の中で生きる人々の、生活から生まれる音とそれによる生に対する自信は、この世界に生きとし生きるものの全ての生を否定できないように、ただ淡々と彼らの生活の中に還元されている。今この瞬間に表現としての愛がある限り、わたしも、彼らも、そしてわたしたちをとりまく自然という環境も、ふるえながら今日も音楽を奏でるのではないだろうか。

小さな世界で営まれ、繰り返されること。これらは大きな世界から見ればそれぞれに異なる営みだとしても、異なる小さな世界の間には、あるふるえが共時共在 synchronize していることに気づく。いろいろな場所であなたの感じるふるえは、どこかにあるふるえと同期しているかもしれない。南方熊楠が説き、後に鶴見和子も説く「萃点《すいてん》」にみられるような、たゆたう世界。このいろいろな所で鳴る音を肯定することから、そしてこの音を共有することから、音楽の根源を捉えてみたい。音楽学者ジョゼフ・ジョルダーニア氏はモノMono（ギリシャ・ラテン語で単の意味）の中にポリPoly（ギリシャ・ラテン語で多の意味）があるのではなく、この世界は最初からポリの世界であった、という説を説いている。すでに存在した共鳴を、わたしたち人間はそれを細分化し、名も無き音楽を、名を持つだれかの音楽にした。

さて、先達の見方、思想はすでに種として蒔かれた。それらは今、わたしたちそれぞれの意識の中で芽生え、地から空へ向かって葉や茎となり、やがて国や民族といった概念を物ともせずに根は伸び、この地球自体がひとつの樹となるはずだ。いや、すでにわたしたちの生きる世界の姿とはひとつの樹であり、おそらくわたしたちはその樹の周縁で生きてきたのだろう。そこには、海の底に劣らず多様な生きものが、共配される音のふるえが存在する。今昔変わらずわたしたちは共振する瞬間を音楽に見いだしてきた。ピグミーの、ブルガリアの、モンゴルの、世界のありとあらゆる人々の鳴らすハーモニーは、理論や宗教的な分析を必要とする前に、自然発生的に鳴っていた。それはわたしたち人類が何かに反応したい、振動したいという衝動の表れでもある。リズムに脈打つ身体、情景を変えるメロディー。目に見えなくとも、同期しているというその感覚を受け止める術をわたしたちはまだ知らないのだろうか。あるいは忘れてしまったのだろうか。

わたしたちの操作で具体化したものが、日の目を見るのを知ってわたしたちの味わう喜びはそのようであり、どうして、それをわたしたちの同胞に分かちあってもらいたいという抵抗しがたい欲求に負けないでいられるのでしょうか？
というのも、作品の統一性はその反響をもつからです。わたしたちの魂が知覚する木霊は少しずつ反響していきます。作品は、完成するや、したがって伝わるために広まっていくのであり、最後に自らの原理へと逆流していきます。円環はそこで閉じられるのです。そのように、音楽とは、わたしたちにとって、隣人との、そして存在者との交感要素だと思われます。

（イーゴリ・ストラヴィンスキー『音楽の詩学』笠羽映子訳、未来社）

バンフォラ村に響く音は、村に佇むすべてのものに向かう。そこに居合わせた人々とその周辺にある自然との逢瀬の中で響く音。ザウィラ（スーフィー教信者の霊廟）に街の人々が音に誘われて訪れるのは普通のことで、社会に開かれたこと。誕生と死がある生活世界では、全ての者が平等に音楽の音を聴くことができる。それは音楽でなく、音響なのかもしれない。共存としての音響は、求める者を拒まない。まして音響自身は何も求めない。そこに忽然と佇む音だから。何という孤独、何という品位だろう。

それぞれが与えられた地で呼吸をする。音を鳴らす。音楽、音世界との邂逅が今日という日を導き、それは全ての者へ届く贈物。誰からの？　今日という日は誰からの贈物なのだろうか？
それを意識したとき、わたしたちは再び何かに耳を澄ますのではないだろうか。

あとがき

夕虹や時は儚く過ぎゆきぬ
Arc-en-ciel du soir
Toute la fugacité
Du temps qui passe

こどもの頃の誕生日の父からの贈物は、いつも本だった。読書は好きではなかった。本と友達になったことはない。音と戯れているほうが簡単だったから。それなのに、フランスに渡ってから極度に活字を求めた。求めると、いろいろな人が本を贈ってくれた。日本に帰国する友人たち、アパートの共同図書、道に落ちている本。パリでは往々に道やゴミ箱の横に本たちが佇んでいる。捨てたくないのだ。誰かが読んでくれるであろう、という期待。こうやってモノは循環する。

パリ生活一四年目にして一四回目の引っ越しをした。事情が切迫していた。窓の外で繰り広げられる薬（ヤク）の売買の張り込みに、警察がアパートの一室を昼夜占拠。二〇区にあるその建物は、西アフリカやさまざまな人種の家族が不法占住《スクワット》。借りて半年も経たずに家を売りに出した一七区の大家さん。庭付きのアパートに住むも、渦巻き恐怖症のわたしは庭の主カタツムリの存在に慄き、半年でギブアップ。娼婦の館と化した一〇区のアパート。道端で交渉が成立した男たちは彼女たちの三メートル後ろを歩き、アパートの中に入るという流儀を知った。ブーローニュの森で働くコロンビアの男娼が、毎朝六時に家路に着く一一区のアパート。昼過ぎにようやく起き出す彼らの毎日は、クンビア（コロンビアを代表する音楽）で始まる。パリ郊外、今や第二のバマコと呼ばれるモントルイユの一軒家では、引っ越した翌日に地崩れが起こった。原因は大手プロモーターによるマンション建築駐車場施工。その隣家である我が家は、大手が雇う弁護士に勝てず、保険も市の援助も受けられず、そのため知人の家の間借りが続いた。

一番の思い出はなんといっても、初めての長期パリ滞在となる一一区オベルカンフのアパートでの空き巣。こじ開けられた家の扉を震える手で押せば、パソコンも、衣類も、眼鏡やワインオープナーさえ、あるものはすべて消えていた。それなのに、部屋の真ん中にサックスだけが残っていた。部屋で一番高価なものなのに。空き巣は一体何を考えたのだろう？　単にアシが付くから手にしなかったのだろうか？　片言の言葉とからだを目いっぱい使って交番で事情を説明する。家に置いてあったクレジットカードは案の定、多額の買い物に使われていた。公衆電話から日本のカード会社に電話する。扉が空いたままの家を後に、知人宅に泊めてもらった。翌日、友人に貸していた一冊の本が戻ってきた。それは、鈴木鎮一の『愛に生きる』という岩波新書。言葉から音が溢れていた。手元に残ったサックスと本を持ってセーヌ河岸に行く。六月の空に浮かぶ雲に向かってサックスを吹けば、遊覧船から人々が手をふる。夏至の夜一一時、ようやく茜色になった空の下でサックスを吹くよろこびを噛み締めた。楽器に導かれる人生も、悪くない。

機会あるごとに訪れた場所で個人的に録音した音を聴きながら、この本を書き綴りました。トルコ・ボスポラス海峡に鳴り渡るアザーン。カンボジア・シェムリアップのスコール。アメリカ・ニューヨークのサイレン。ブルキナファソの子らの遊び声、芋虫のソースを作る母さんたちのひそひそ話。渋谷のスクランブル交差点の音。岡山・牛窓の瀬戸内に広がる静寂。

個人の音楽、みんなの音楽。今あるわたしたちの音楽環境の現実はさまざまな可能性に溢れています。問題は、バランス。みながヘッドフォンで音を聴く世界とは何なのでしょうか？ 個人がひとりで音楽を聴きたくなる衝動。わたしたちの今は、音の共時性＝同期を意識することなく、しかし実は根っこの深いところで繋がっているようです。いや、繋がっているという安易な言葉に任せたくはないのです。別に繋がらなくたっていいのです。なぜならわたしたちは、すでに同期性を持ち合わせているのですから。

わたしたちに少しの機転が働けば、耳のそれを外すことによって聴こえてくる世界と、個人の聴く音の世界が同期する、そんな可能性がみえてきます。そのどれも、記憶に残るあの音を聴きたいという切望、衝動が、音楽を形あるものにしているようです。その衝動が繰り広げる音の世界をわたしたちは知っているはずです。ラジオから流れる音をカセットに録音したエアチェック。映画音楽をどこかで耳にすれば、たやすく蘇るあの時の匂い、旋律、リズムの記憶。それらの音が耳に触れた瞬間、空間は一気に時空を超えてあの時にタイムトリップする。想いとは、こうした音と共に歩んでいるようです。

わたしの叔母は聴覚障害を持ち、音が聴こえません。しかし、サックスの音を聴いた時、内臓に何かが響いた、と言いました。同じようなからだの内に響く現象を、演奏を聴きに来た方が話していたことがあります。音の粒は、もしかしたら視覚から捉えることもできるのかもしれません。では、触れることはできるでしょうか。できるのです。演奏者が触る楽器は、音が鳴るたびにふるえているのです。音楽はみんなのもの、生活と一体となり、わたしたちに限りなく寄り添っているものです。

人が一人ひとり持つ想いや考え、それを思想や哲学と呼ぶならば、これらの言葉の先にあるものとは何でしょうか？　それは生活という名の実践です。毎日の生活がわたしたちの目の前にあることはまぎれもない事実。それでは、生活とは文化なのでしょうか。わたしは文化だと思います。ここでは皮肉をこめて、フランスの著述家ギー・ドゥボールの言葉を引用します。「完全に商品と化した文化は、スペクタクル社会の花形《スター》商品となる運命にある」（ギー・ドゥボール『スペクタクルの社会』木下誠訳、ちくま学芸文庫）。言葉が実践になるかならないかは個人の意識 consciousness による判断です。しかしこの本に登場した、音世界の中で生きる人々、音楽が生活の中にある人々にとっての意識とは、無意識でもあります。この無意識の域を、また同様に無意識下で抹殺してきたのが、今の資本制経済という仕組みだとわたしは考えます。「この世紀を支配したのは、人間はホモ・エコノミクス（経済人）だとして経済的進歩が歴史の進歩だという考え方です」（『なぜヨーロッパで資本主義が生まれたか』、NTT出版）という関曠野氏の言葉からは、そうでない世界が訪れるであろう願いが読み取れます。すでにこの仕組みの中で過ぎ去ってしまったわたしたちの時間は、しかしそういった過程であったと意識したときに、少しの希望がみえるようにも思えます。

わたしたちは何を待っているのでしょう。どこにいくのだろうかという問いかけを抱きながら、共に歩んでくださったせりか書房の武秀樹さんとの出会いも、やはり音を介してでした。そしてあの三月一一日。神保町の、本が散らばる床にダンボールを敷いた上で、共に耳を立てて聞いたラジオの音。

言葉を編むすべての人々へ。音の行方を追うすべての人々へ。共に音を奏でるすべての同志へ。そして、今宵寝る場所をあてがってくださるすべての人々に、ありがとう。眠りに落ちることができなくとも、からだを休める場所があることで、また旅に出ることができます。
心地よい絶望 Désespoir Agréable。この現実の前で、わたしたちは生きるしかありません。

二〇一六年八月　スイス　レマン湖畔

仲野麻紀

Ky CD リスト

2005年に結成したユニットKy［キィ］。仲野麻紀（alto sax, metal-clarinet, voice）とヤン・ピタール（guitar, oud, fx）によるユニット。即興演奏を軸に、エリック・サティの楽曲を自由に演奏。美術家との共同制作、朗読、神社仏閣、図書館など場所や方法を問わず演奏している。http://kyweb.fr

---

2007年　Naissanciel ネッソンシエル

エリック・サティの名曲「ジムノペディ」から「干からびた胎児」「壁かけとしてのプレリュード」など、即興演奏、オリジナル楽曲、全21曲収録。

Yann PITTARD ヤン・ピタール（oud, guitar, fx）
Maki NAKANO 仲野麻紀（alto sax, metal clarinet）
ゲスト：Thomas BALLARINI トマ・バラリニ（percussions）
ライナーノーツ：Kozo WATANABE 渡辺公三
フランス・パリ、ブルターニュ録音 / おーらいレコード / ORCD3004

2008年　Danses de travers ゆがんだ踊り

サティの「グノシエンヌ3番、6番」、隠れた名曲「Danses de travers ゆがんだ踊り」、武満徹作曲「雪」をはじめ、三曲の歌、全18曲収録。パリの第一線で活躍する6人のミュージシャンと演奏。

Yann PITTARD ヤン・ピタール（oud, guitar, fx）
Maki NAKANO 仲野麻紀（alto sax, metal clarinet, 歌）
ゲスト：Stéphane PAYEN ステファン・パイヤン（sax）, Yoram ROSILIO ヨラム・ロシリオ（contrebasse）, Hugues VINCENT ユーグ・ヴァンサン（cello）, Johan GUIDOU ジョアン・グイド（drums）, Rafaël KOERNER ラファエル・コエーネー（drums）, Stéphane TSAPIS ステファン・ツァピス（piano）

ジャケット：Biwa TAKAHASHI たかはしびわ
フランス・パリ録音 / おーらいレコード / ORCD 3005

2009年　Chansons muettes et musique bavardes
無口なうたとおしゃべりな音楽

サティの「あなたが欲しい」、4曲のオリジナルシャンソンと、オリジナル楽曲含む全12曲収録。

Yann PITTARD ヤン・ピタール（oud, guitar, fx）
Maki NAKANO 仲野麻紀（alto sax, metal clarinet, 歌）
ゲスト：Thomas BALLARINI トマ・バラリニ（percussions）
ジャケット：Katell LE MAT カテル・ルマット
フランス・パリ録音 / openmusic / opjp-cd-1005

2010年 Musique vagabonde 旅する音楽

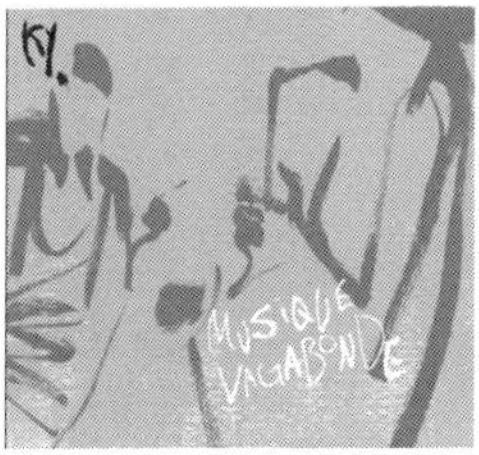

トルコにて現地ミュージシャンと録音。ウスクダラ、エリック・サティのグノシエンヌ2番、4番、本文で登場したグリニャンクール市のアーティストインレジデンスでのライブ録音。オリジナル曲含めた全13曲を収録。

Yann PITTARD ヤン・ピタール（oud, guitar, fx）
Maki NAKANO 仲野麻紀（alto sax, metal clarinet, 歌）
ゲスト：Cenk ERDOGAN ジェンク・エルドガン（fretless guitar), Gurkan OZKAN グルカン・オズカン（percussions), Moussa HEMA ムッサ・ヘマ（balafon), Bachir SANOGO バシール・サノゴ（kamale n'goni, voice), Gaston ZIRKO ガストン・ジーコ（drums), Karsten HOCHAPFEL カールステン・ホシャプフル（cello）
ジャケット：Non NAKAGAWA ナカガワ暢
トルコ・イスタンブール / フランス・パリ録音 / openmusic / opjp-cd-1006

2011年　Out of place　アウト・オブ・プレイス

2011年に結成したバンド Bala Dée 。バラフォン、カマレンゴニ、ウード、サックス、ドラム。ベルベルのリズムに、ポリリズムとペンタトニックの間でうごめく音の躍動。参加ミュージシャン全員の持ち寄った曲に、「歌の庭」、サティの「スポーツと気晴らし」から「かけっこ」、宮城の大漁唄い込みなど、全8曲を収録。

Bala Dee バラ・デ：
Moussa HEMA ムッサ・ヘマ (balafon), Bachir SANOGO バシール・サノゴ (kamale n'goni, voice), Gaston ZIRKO ガストン・ジーコ (drums), Yann PITTARD ヤン・ピタール (guitar, oud , fx), Maki NAKANO 仲野麻紀 (sax, voice, metal clarinet, 歌)
ゲスト Kevin TOUBLANT ケヴィン・トゥブラン (el. bass)
ジャケット：Lily Sato リリー・サトウ
フランス・パリ録音 / openmusic / opjp-cd-1007

2016年　Désespoir agréable　心地よい絶望

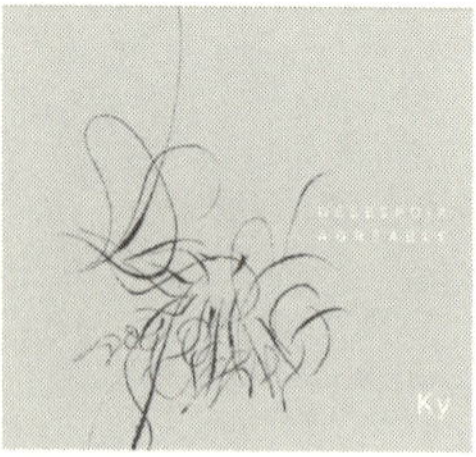

Ky 結成10年目に、ハイレゾ、配信版ではサラウンド音源制作に挑戦。今までライブ演奏で録音してこなかったオリジナル楽曲、即興、伝統曲、そしてタイトル曲であるサティの「Désespoir agréable 心地よい絶望」はじめ11曲を収録。

Yann PITTARD ヤン・ピタール (guitar, oud , fx)
Maki NAKANO 仲野麻紀 (sax, voice, metal clarinet, 歌)
ジャケット：Chisato ASAOKA 浅岡千里
録音：Yuji SAGAE 寒河江ユウジ
フランス・ブルターニュ録音 / OTTAVA / OTVA-0010

openmusic presents CD リスト

2009年に独立レーベルとして立ち上げたopenmusic。Ky以外のミュージシャンの作品制作や、コンサートを企画。レーベルというよりはコレクティブ・ギルドのような感覚。

2010年　Pays de mes pensées　わたしの思う祖国

コートジボワールとの国境近くにあるブルキナファソの町バンフォラ・Banforaに生まれたバラフォン奏者、ムッサ・ヘマによるソロアルバム。

Moussa HEMA ムッサ・ヘマ（Balafon Pentatonic, Karian, Djembe）

Sinte konofe（自然の神秘）、Gouin dee（グワンの子ども）、Samoin lele（作業歌）など全9曲収録。
フランス・パリ録音 / openmusic / opjp-cd-1008

2012年　Musique pour quatre mains et une bouche
四つの手とひとつの口のための音楽

ギリシャとフランスの血をもつピアニスト、ステファン・ツァピスとのDUO。
即興性×民族性をテーマに、オリジナル楽曲、インプロヴィゼーション、ジョゼフィン・ベイカーが歌った「二つの愛」など、全12曲収録。

Stéphane TSAPIS ステファン・ツァピス（piano）
Maki NAKANO 仲野麻紀（alto sax, metal clarinet, 歌）
ジャケット：Lily Sato リリー・サトウ
フランス・パリ録音 / openmusic / opjp-cd-1009

2013年　De l'usage du sextoy en temps de crise
危機的時代におけるセックストーイの使い方

Yann Pittard ヤン・ピタールが音楽を担当した、長編映画「De l'usage du sextoy en temps de crise 危機的時代におけるセックストーイの使い方」のサウンドトラック。主題歌を仲野麻紀が歌う。

Or SOLOMON オー・ソロモン（piano), Leila MARTIAL レイラ・マーシャル（voice), Maki NAKANO 仲野麻紀 (alto sax, metal clarinet, 歌), etc…。
CDと45回転レコード
ジャケット：Mathilde ELU マチルド・エル
フランス・パリ録音 / openmusic / opjp-cdep-1010

2013年　Kaba-Kô : Fadouga / Retour aux sources　原点に立ち返る

バラフォン奏者 Moussa Hema　ムッサ・ヘマと、彼が率いるオーケストラ Kaba-kô。本文に登場した、ムッサの父親カバ氏の家の中庭で録音。

Moussa HEMA ムッサ・ヘマ (balafon pentatonic), Seydou SOULAMA セイドゥ・スウラマ（balafon pentatonic), Karim TRAORA カリム・トラオレ (balafon pentatonic), Diara ADAMA ディアラ・アダマ (Tamani, Djembe), Karamoko DIABATE カラモコ・ディアバテ（djembe, 歌), Logossina TRAORE ロゴシナ・トラオレ（doundoun), Lamin SOULAMA ラミン・ソウラマ（maracas), Tiankounbie HEMA チャクンビエ・ヘマ（djembe), Seydou Dou HEMA セイドゥ・ドゥ・ヘマ（doundoun), Soumaila HEMA ソウマイラ・ヘマ（bara), Sakoulba HEMA サクルバ・ヘマ（bara), Traore IBRAIM トラオレ・イブライム (carigna), Moussa GNOUMOU（carigna)
ブルキナファソ・バンフォラ録音 / openmusic/ opjp-cd-1011

仲野麻紀参加 CD リスト

2006 年　Rossignols　ロシニョール

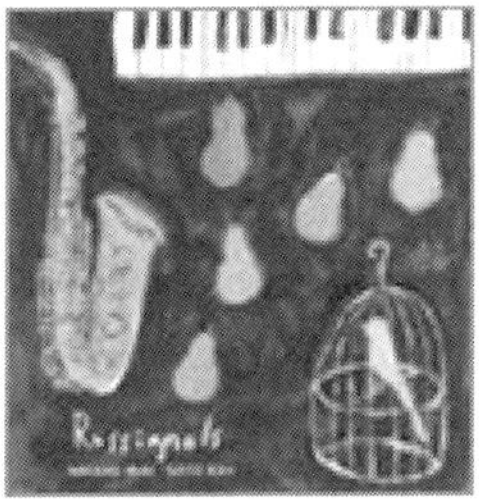

ピアニスト後藤理子との DUO。オリジナル曲、オーネット・コールマンの war orphan など全 9 曲収録。二人の傾倒するピアニストはなんといっても Marc Copland。

Riko GOTO 後藤理子（piano）
Maki NAKANO 仲野麻紀（alto sax, metal clarinet）
ゲスト：René WOLF ルネ・ウォルフ（contrebasse）
ジャケット：Tatsuno HIGUCHI 樋口たつの
フランス・モントルイユ録音 / おーらいレコード / ORCD 3002

2009 年　Mamabaray　ママバレ -Enishi-

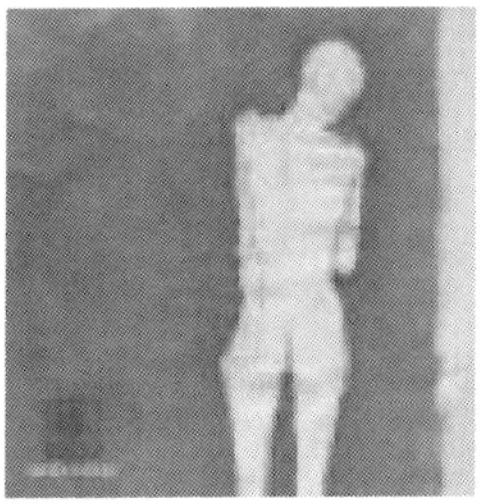

Raymond BONI レイモン・ボニはフランスを代表する、ロマをルーツに持つ即興演奏家だ。即興演奏を巡る機縁が CD という形になり、2009 年に日本ツアーを行った。全 8 曲を収録。

Raymond BONI レイモン・ボニ（guitar), 佐藤真（drums), Bastien BONI バスチアン・ボニ（contrebasse), 仲野麻紀（alto sax）
ジャケット：Lily Sato リリー・サトウ
フランス録音 / おーらいレコード / ORCD-3003

2008 年　Ask The Dust
Yoram ROSILIO & THE ANTI RUBBER BRAIN FACTORY

ギリシャ伝統曲、フリージャズ、オリジナル楽曲に即興。映画音楽のような、ミンガスサウンドのような、総勢 20 名以上のミュージシャンが代わり代わる演奏した作品。全 10 曲収録。

Yoram ROSILIO ヨラム・ロシリオ（contrebasse）、The Anti Rubber Brain Factory アンチ・ラバー・ブライン・ファクトリー
ジャケット：Damien PELLETIER ダミアン・ペルチエ
フランス・パレゾー録音 / ARBF 001

2009 年　El Hal　The Anti Rubber Brain Factory

モロッコ人美術家 Redouane Bernaz レドワン・ベルナズとのコラボレーション。エッサウィラでのライブペインティングをはじめ、パリ国際芸術都市（Cité Internationale des Arts）でのアーティストインレジデンス制作として全 5 曲からなる組曲 El Hal を収録。ブックレットには Bernaz の作品を掲載。

Yoram ROSILIO ヨラム・ロシリオ（contrebasse）、The Anti Rubber Brain Factory　アンチルバーブライアンファクトリー
ジャケット：Redouane BERNAZ レドワン・ベルナズ
フランス・パレゾー録音 / ARBF 002

2011 年 The Anti Rubber Brain Factory & Hmadcha

本文で登場した Dar Souri ダルスーリーでのライブ録音。
エッサウィラの人々が聴く中でのハマッチャとの初めての演奏となる。
Anti Rubber Brain Factory とのハドラの完全版が堪能できる最後の 20 分間は、トランス間違いなし。

Abdelkader “Ben brik” ED-DIBI アブデルカデー・エド・ディビ（gheita），Abdelmalek “Haj”

BENHAMOU アブデルマレック・ベナム (gheita, oud), Jean-Michel COUCHET ジャンミッシェル・クシェ (alto sax), Maki NAKANO 仲野麻紀 (alto sax), Florent DUPUIT フロラン・デゥピュイ (tenor sax, flute, piccolo), Francois MELLAN フランソワ・メラン (tuba, trumpet), Yann PITTARD ヤン・ピタール (guitare, oud, fx), Jean Phillipe "Jessico" SAULOU ジャンフィリップ・ソロ (fx), Yoram ROSILIO ヨラム・ロシリオ (contrebasse), Thomas BALLARINI トマ・バラリニ (percussions), Ayoub BAZ アユブ・バズ (percussions, voice), Najem BELKEDIM ナジム・ベルケディム (percussion, voice), Driss El IDRISSI ドリス・エル・イドリシ (percussions, voice), Hassan NADHAMMOU ハッサンナダハム (percussions, voix, voice), Salah EDDINE SAYA サラ・エディン・サヤ (percussions, voice), Gaston ZIRKO ガストン・ジーコ (percussions)
2011 年モロッコ　エッサウィラ ライブ録音 /ABRF 003

2013 年　Yoram ROSILIO & THE ANTI RUBBER BRAIN FACTORY
Hmadcha Live 2013

モロッコ・エッサウィラのスーフィー教団ハマッチャと、コントラバス奏者ヨラム・ロッシリオが率いるオーケストラ ARBF の演奏。
ハマッチャのハドラ Hadra に西洋の楽器が加わることはないが、これこそがヨラムの目指した音の重なり。ライタ、詠唱、物音に西洋の楽器が重なる。約１時間のライブ録音はなだらかな加速の後終わる。
演奏者は 2011 年と同メンバー。
モロッコ・エッサウィラ録音 / ARBF 004

著者紹介

仲野 麻紀（なかの　まき）

1977年名古屋生まれ。2002年渡仏。パリ市立音楽院ジャズ科卒業。

演奏活動の傍ら2009年から音楽レーベル、コンサートの企画・招聘を行うopenmusicを主宰。

フランスでは、聴く・食べる・生きるをテーマにしたアソシエーション Art et Cultures Symbiose を設立。さまざまな場所で演奏行脚中。

ふらんす俳句会友。

旅する音楽——サックス奏者と音の経験

2016年10月14日　第1刷発行

著　者　仲野 麻紀
発行者　船橋純一郎
発行所　株式会社　せりか書房
〒112-0011　東京都文京区千石1-29-12　深沢ビル
電話 03-5940-4700　振替 00150-6-143601
http://www.serica.co.jp
印　刷　中央精版印刷株式会社
装　幀　木下 弥

ISBN978-4-7967-0358-1